UN MUNDO VUELTO LOCO

La Verdadera Historia de Cómo Sobrevivir a una Dictadura

UN MUNDO VUELTO LOCO

La Verdadera Historia de Cómo Sobrevivir a una Dictadura

Por Gretel Timan

STUDIO
OF BOOKS
THE SPACE FOR YOUR MESSAGE

Copyright © 2024 by Gretel Timan

Studio of Books LLC
5900 Balcones Drive Suite 100
Austin, Texas 78731
www.studioofbooks.org
Hotline: (254) 800-1183

Ordering Information:
Special discounts are available on quantity purchases by corporations, associations, and others. For details, contact the publisher at the address above.

Printed in the United States of America.

ISBN-13:   Softcover   978-1-964928-58-6

Library of Congress Control Number: 2025910239

CONTENTS

PREFACIO

Hace poco me uní a un grupo de escritura y surgió la pregunta: ¿por qué escriben y qué escriben? Encontré tres grupos. Está la trivial pero esencial lista de tareas pendientes. Contiene la lista de "cosas que no hay que olvidar", la lista de la compra, la lista de viaje y lo que no hay que olvidar en ese sentido. El verano pasado, viajé a Europa durante cinco meses y olvidé cerrar el agua. Al regresar, me encontré con una factura de agua de $1088. El baño se había roto. Por suerte, el servicio de control de plagas lo encontró e informó al administrador, quien llamó al plomero, así que cuando regresé, todo estaba arreglado. Así que tal vez esa lista trivial no sea tan trivial.

Luego está la lista social. Está ahí para mantener las amistades; planear cosas como visitas; compartir eventos, pensamientos, sentimientos, alegrías y tristezas; y celebrar los hitos de la vida. Por último, está la lista privada, la lista del corazón. Escribo para ganar perspectiva, para ver las cosas con imparcialidad, para recordar cosas del pasado y, por último, pero no menos importante, para luchar contra mis demonios.

Parafraseando a Goethe: "Un dios le dio el don de expresar lo que siente tan profundamente". Cuando escribo, ya no estoy solo.

Comparto y descargo mi corazón. Toco la eternidad y me conecto con escritores del pasado, del presente y quizás del futuro. Estoy en una corriente, insignificante como persona, pero conectado con los demás de una manera mística. Puedo abrirme sin restricciones. Creo que ahí es donde entra en juego el dios de Goethe, y le doy las gracias a ese dios y encuentro la paz.

Hace quince años, escribí un libro titulado Un Mundo Vuelto Loco. Trata sobre mi vida como niña y adolescente, viviendo como una niña de ocho años hasta el final del reinado de Hitler y deslizándome hacia otra tiranía y dictadura: la Alemania Oriental ocupada por Rusia.

Llegó un momento en el que tuve que huir para escapar del encarcelamiento de la Stasi. En Alemania Occidental, estaba solo, sin habilidades laborales, muy pobre y no era bien visto como refugiado. Dos años después, llegué a los Estados Unidos y mi vida comenzó a transformarse como la de una mariposa. Tuve que desaprender muchas cosas antes de poder aprender a navegar por un mundo libre. Los Estados Unidos se convirtieron en mi refugio y mi paraíso.

Después de guardar mi historia durante quince años, reuní el valor para publicar mis escritos porque quiero que esta tierra siga siendo un faro de libertad.

AGRADECIMIENTOS

Me gustaría agradecer a Ann Matheson y Jay Jacoby por su extraordinario trabajo al ayudarme a revisar mi manuscrito.

PRÓLOGO

En algún lugar de esta tierra o en el cielo, hay dos lagos formados por mis lágrimas. Uno se llama Lago del Dolor Infinito. No se bañe en él. Es helado y amargo. Luego hay otro lago, el Lago del Amor Infinito. Bañarse en él le dará paz y sanación, empatía y compasión, fuerza y alegría. Ni el oro, ni la plata, ni los diamantes, ni todas las joyas y tesoros del mundo pueden sanarle cuando está herido. Solo la apertura de otra alma hacia usted, como la apertura de una flor preciosa y fragante con un amor intrépido y sin apegos, que simplemente es: tan raro, tan real, tan sanador, puede hacerlo.

Luego está la belleza de esta tierra. Puede llenarnos de tesoros inimaginables. Puede calmar las tormentas de ira, calentar nuestros corazones con el dorado sol y enriquecer nuestras almas.

Mignon, de Goethe, canta: "Hoy, oh hoy, soy tan hermosa. Mañana, oh mañana, todo desaparecerá". ¿Debemos temer y lamentar los mañanas o apreciar y recordar la frágil y trascendente belleza de hoy?

Esto me lleva de vuelta a la historia de los dos lagos y a la historia del viaje de mi alma.

¿Por dónde empiezo? Quizás por el principio, con la creación de ese Lago del Dolor Infinito.

CAPÍTULO 1

Cuando tenía siete años, mi madre sufrió un brote psicótico. Mi padre se había ido a la guerra, la Segunda Guerra Mundial, dejándonos solos. Ella, nacida en Polonia, aún hablaba con acento polaco en la Alemania nazi, se sentía amenazada y muy sola. Así que se rebeló.

Esta era la situación, que se repetía con frecuencia: me enviaba a la tienda a comprar cosas y, invariablemente, yo olvidaba uno o dos artículos. Ella sacaba un cuchillo enorme, me lo ponía en el cuello y amenazaba con cortarme la cabeza y tirarla al baño porque no valía nada. Cada vez, yo la miraba a los ojos, le creía, me aterrorizaba y me sentía inútil y muy sola. Sin embargo, no podía contárselo a nadie. En el fondo, a pesar de todo su comportamiento abusivo, tenía que protegerla. Así que creé un mundo al que podía huir: un castillo de cuento de hadas con tres muros y tres patios. A la mayoría de las personas que entraban en mi mundo las recibía en mi tercer patio, a menos personas las dejaba entrar en mi segundo patio y casi nadie tenía acceso a mi patio interior. Allí había un magnífico jardín con flores exóticas y árboles con hojas doradas y plateadas que brillaban y centelleaban al sol. Había fuentes de mármol con agua resplandeciente y pájaros que se bañaban en ella y cantaban todo el día y toda la noche hasta que todo mi dolor desaparecía. También había hadas que a veces me hablaban y otras no. Pero ese jardín me mantenía cuerda.

Para el mundo exterior, yo era solo una chica soñadora y extraña que se mordía las mangas y las puntas de las trenzas. Había otros abusos, reprimendas constantes y, en su opinión, palizas intencionadas para convertirme en una niña mejor.

Si la miseria se volvía demasiado grande, huía a mi castillo y a mi jardín. Si había música alrededor, me perdía en ella y leía. Nunca podía saciar mi hambre de libros. Había aprendido a leer por mi cuenta antes de ir a la escuela, y ahora leía cualquier cosa, primero nuestros libros y luego los de cualquiera que me prestara un libro. Sabía que allí encontraría amigos y aventuras y escaparía a otras tierras y otros lugares.

Los cuentos de Las mil y una noches me cautivaban. Sherezade era mi favorita y mi heroína. Amaba a

Sherezade —todavía lo hago—, amaba sus cuentos y me emocionaba esa maravillosa música de Rimski-Kórsakov, que solo escucharía años más tarde. Allí tuve mil sanaciones y resurrecciones.

Volviendo a mi madre, ella podía hacerme sentir tan insignificante. A menudo no me hablaba durante días. Luego iba a nuestro cobertizo, donde tenía conejos que más tarde sacrificaba para comer. Sacaba uno, lo acariciaba y le hablaba suavemente durante horas. Mi razonamiento era que, aunque iba a matar a ese conejo, lo quería más que a mí. Más tarde, mucho más tarde, las palizas de mi madre cesaron, y así es como sucedió.

Una fría noche de octubre, cuando estaba en la cama, mi madre entró en mi habitación para comprobar si había doblado bien la ropa. Vio que no lo había hecho y fue a buscar el atizador de hierro. Sabiendo lo que iba a pasar, salté de la cama y corrí escaleras abajo hacia el exterior. Ella me siguió, cerró la puerta con llave, subió las escaleras, abrió la ventana y se rió. Yo estaba descalza, solo con mi camisón, y hacía un frío glacial. Le rogué que me tirara mi abrigo. Ella se rió de nuevo y cerró la ventana. Así que allí estaba yo, temblando y sintiéndome miserable. Pensé en la muerte y en irme a un lago cercano, formado cuando una empresa carbonera excavó en busca de lignito. Entonces imaginé cómo se sentiría: oscuro, sucio y helado. No podía permitir que me abrazara y me extinguiera.

La ventana seguía cerrada, pero mi madre se había ido. ¿Y ahora qué? Pensé en la mujer más amable del pueblo y decidí ir a su casa, con frío y temblando, descalza y llorando, llorando lágrimas que correrían hacia el Lago del Dolor Infinito.

Toqué el timbre y ella me dejó entrar. Me sentó junto a una estufa de azulejos, me preparó una taza de té y luego, rodeándome con sus brazos, me abrazó durante un rato. Por primera vez me sentí reconfortada. Había encontrado otra salida.

No hablamos, al menos no de lo que había pasado. Después de mucho, mucho tiempo, mi madre llamó al timbre. Había llamado a muchas puertas, primero a las de mis amigos de la escuela. Se convirtió en la comidilla del pueblo, al día siguiente y durante algún tiempo después. Sentí que algo había cambiado en la dinámica de mi terror aislado. Finalmente, las palizas cesaron. Esa parte de mi vida mejoró, pero ahora la guerra empeoró.

CAPÍTULO 2

En realidad, la guerra ya se había entrometido en nuestras vidas desde hacía algún tiempo, con la partida de mi padre, a quien solo recordaba vagamente en un mundo que parecía siniestro y amenazador. Ahora había alarmas y bombardeos en las grandes ciudades. Por la noche, podía ver los incendios como luces en el horizonte.

Entonces, un día, después de que mi madre recibiera su correo, me dijo: "Tu padre ya no está en Rusia. Ha resultado levemente herido y quiere que vayamos a B". Hizo las maletas y, después de caminar tres millas, subimos a un tren.

En todo el tren se leía: "Las ruedas deben rodar por la victoria". Pensé: ¿la victoria de Alemania con todos los bombardeos? El tren se puso en marcha y llegamos a M, donde tuvimos que cambiar de tren. Mientras estábamos en el andén, las sirenas sonaron con toda su intensidad y el altavoz anunció: "Su tren no saldrá en este momento". Esperamos. Unos minutos más tarde llegaron más instrucciones. "Su tren llegará ahora. Suban", así que subimos. Después de avanzar quizás diez minutos, el tren se detuvo en lo que parecía un túnel abierto, un túnel sin techo.

A nuestra izquierda y derecha había hombres con armas montadas, e inmediatamente comenzaron los disparos. No sabía si provenían de los aviones que volaban sobre nosotros o de las armas que teníamos al lado. Las ventanas se hicieron añicos, los cristales salieron volando y el ruido se volvió ensordecedor.

La señora que estaba frente a nosotros se orinó en los pantalones. Los disparos cesaron de repente. Oí voces fuera del tren. Llegó una ambulancia. Seguramente había gente herida. Después de un rato, el tren siguió su marcha.

Mi padre nos recibió en la estación de tren. Nos abrazó y nos llevó con él. "Estaba muy asustado. Me enteré de que su tren había sido bombardeado".

Br., nuestro destino, también sufrió bombardeos y no había tranvías, así que caminamos sobre los escombros y las ruinas y finalmente llegamos a nuestra habitación alquilada. Esa noche hubo otro bombardeo.

Pensando en mi padre, me parecía agradable. Me caía bien. Me preguntaba por mis amigos, la escuela y otras actividades, y me había guardado dulces. Cuando caminábamos, no me soltaba la mano. Solo nos quedamos unos días, luego lo trasladaron y nos fuimos a casa. No volvería a verlo hasta que terminara la guerra.

En casa, nuestro gobierno marcaba nuestras radios. Se nos prohibía escuchar emisoras extranjeras. Sin embargo, mi madre lo hacía después de mandarme a la cama. Podía oír martilleos y chirridos sobre las palabras y sabía que era la emisora extranjera prohibida. La admiraba, pero también me daba miedo.

En nuestra calle, la Gestapo detuvo a un hombre después de que le contara a un vecino lo que había oído en esa emisora prohibida. El vecino lo denunció. Entonces llegó el día, a principios de la primavera de 1945, en que la radio anunció que nuestra pequeña ciudad estaba a punto de ser bombardeada. "¿Cómo lo sabían?", me pregunté. Estaba en la escuela, pero mi madre quería que estuviéramos juntas durante cualquier bombardeo, así que corrí a casa.

Cuando intenté bajar al sótano, sentí como si volara hacia abajo —la presión del aire, me dijeron más tarde— y entonces las paredes se sacudieron. Oí silbidos y estruendos en el aire y el fuerte ruido de la detonación. Esto debe de ser el infierno, pensé, y tuve miedo. Finalmente, los ruidos cesaron y salimos a una atmósfera tóxica.

El aire estaba impregnado del olor de la muerte y del olor acre de los productos químicos. Una fábrica química cercana había sido alcanzada. Llamas amarillas, verdes, rojas, azules y moradas se elevaban hacia el cielo. Los árboles desnudos y acusadores habían sido despojados de sus hojas y sus primeras flores.

Mi madre dijo: "Vamos a nuestro jardín", nuestra parcela al otro lado de la ciudad llamada Schreber Garten. Así que caminamos por la calle a través de un prado salpicado de pequeños cráteres donde habían caído bombas incendiarias. A la derecha, los álamos seguían en pie, alineados como soldados en un desfile. Pero también estaban desnudos, y donde ayer se posaban y cantaban los pájaros, hoy había enormes fragmentos de cemento de una piscina pública encajados entre los tallos y las ramas. Parecían pájaros de la muerte y la fatalidad enviados desde el reino de Wotan, sacados directamente del Götterdämmerung de Wagner.

Mientras atravesábamos la ciudad, oí a la gente susurrar: "Todos vamos a vivir el Götterdämmerung". El Götterdämmerung era una antigua saga germánica en la que el cielo de los antiguos dioses se incendia y queda destruido.

Hitler proclamó un arma maravillosa gritando con locura: "El enemigo puede quedarse con Alemania, pero no con los alemanes". ¿Usará esa arma contra ustedes? ¿Envenenará a su propio pueblo?

Llegamos al jardín. Me entristeció ver un enorme cráter donde ayer había un peral, y mi parte favorita, el pequeño estanque con peces de colores, había desaparecido, simplemente había desaparecido.

En ese momento, en la escuela y en los edificios públicos, escuché la música de Wagner, principalmente el Goetterdaemmerung. Para mí, sonaba grandilocuente, sofocante y arrogante.

Nada a nuestro alrededor era grandioso, pero sí sofocante y arrogante, eso sí, eso encajaba; tal vez era la arrogancia y la asfixia de un abrazo mortal. En el ayuntamiento había un cartel enmarcado en cristal con los nombres de los héroes caídos por la patria. Recé para que el nombre de mi padre nunca apareciera allí. No me servían de nada los héroes.

Odio la violencia, odio la guerra y odio El ocaso de los dioses de Wagner. No dejaba de preguntarme: "¿Por qué tienen que odiar y matar las personas? ¿Por qué?".

Mi madre horneó bizcochos para el final de la guerra y empacó nuestra ropa de cama. Decidió que iríamos al refugio de la escuela, donde tendríamos más posibilidades de ser rescatadas en caso de que el edificio se derrumbara, ya que habría más familias. La ayudé, pero cuando empaqué algunos de mis libros favoritos, mi madre protestó: "No podrás leer, ya que no tendremos luz. Además, compartiremos el lugar con mucha gente. Tendrás que portarte lo mejor posible".

¿En un mundo vuelto loco? Pensé. Esos libros eran mi zona de confort en el mundo en el que vivía, el mundo que me asustaba. Con el terror a mi alrededor, ¿me pedían que me portara lo mejor posible?

Poco después de llegar al refugio, comenzaron los disparos, sin cesar. En ese sótano, no solo yo, sino todos se comportaban de la mejor manera posible. Odiaba el olor que había allí. Por todas partes había cubetas con cloro en polvo. Me quemaba la garganta. Cuando los disparos finalmente se calmaron un poco, mi madre subió a ver qué pasaba y yo la seguí afuera.

Vimos a un soldado joven, muy joven, con el pelo rubio y largo, corriendo por la escuela con un arma y granadas. Mi madre le gritó: "Vaya a casa con su madre. ¡Le daré ropa de civil!".

Pero él respondió: "No, tengo que defender la patria". Los bombardeos no habían cesado y entonces mi madre entró en un aula para mirar fuera. Yo la seguí. Fui testigo de una escena que nunca olvidaré. En el campo había un caballo. No, no estaba parado; se encabritaba y lanzaba un grito aterrador. Atado a un arado junto con otro caballo que yacía en el suelo muerto o herido, se encabritaba y gritaba una y otra vez. Huí y lloré.

Incluso hoy, al recordar esa escena, desearía ser pintora para poder pintarla como Picasso pintó el Guernica, o compositor para poder escribir una sinfonía sobre ese grito. Quizás Béla Bartók podría haberlo hecho.

Las palabras son insuficientes para describir ese horror. Ese grito inquietante me atravesó el corazón y destrozó mi cuerpo, al igual que los bombardeos destrozaron los edificios. Solo por eso, nosotros, la humanidad, deberíamos estar en un tribunal y ser declarados culpables, culpables y culpables. ¿Por qué seguimos librando guerras?

Entonces, el 8 de mayo, increíblemente, la guerra terminó. Había llegado la paz. Habíamos sobrevivido. Salimos del sótano de la escuela y vimos que el caballo y el arado habían desaparecido, pero el soldado seguía allí. Yacía en silencio, en un silencio sepulcral, en el suelo, con su largo cabello rubio cubierto de sangre seca. Los estadounidenses comenzaron a ocuparnos: ¡un anticlímax, nada de Götterdämmerung! Nos ordenaron que abriéramos nuestras casas para que las registraran. Eso fue todo. Comenzaría un nuevo capítulo en nuestras vidas.

CAPÍTULO 3

Unos días más tarde, vino un amigo de mi madre. Entró corriendo por la puerta y gritó: "¡Vienen los rusos! Hay informes de violaciones masivas. ¿Por qué no se van tú, mi esposa y los niños a H, donde vive su madre?".

Al principio, mi madre se negó, diciendo: "No puedo irme. Mi esposo puede que vuelva a casa". Pero el amigo prometió esperar a mi padre y, cuando él llegara, ambos nos seguirían a lo que más tarde se convertiría en Alemania Occidental. Había pánico en su voz, y luego la rápida aceptación de mi madre de irse significaba que las violaciones debían de ser algo horrible. Así que se tomó la decisión. Mi madre me envió a la tienda a comprar tantas provisiones para el viaje como fuera posible con nuestras tarjetas de racionamiento de alimentos.

Hice fila frente a una carnicería para conseguir todas nuestras raciones de carne cuando un niño corrió hacia mí. "Tu madre quiere que regreses a casa inmediatamente". No quería dejar mi lugar en la fila, pero tampoco quería desobedecer a mi madre. Así que, a regañadientes, regresé. Allí encontré a mi padre. La situación había cambiado. Estaba enfermo, cansado y no estaba listo para irse de casa. Así que nos quedamos.

Esperaba que sucedieran cosas buenas; en cierto modo, ya habían sucedido. La paz, aunque fuera una paz inquieta, había llegado. Mi padre había regresado de la guerra con solo una leve herida. Tenía la esperanza de que la vida fuera buena. La gente decía que todo volvería a la normalidad, aunque yo no sabía lo que era la normalidad. Tenía que ser algo bueno, tenía que serlo.

Los estadounidenses se habían retirado y los rusos iban a llegar, aunque no los vimos durante seis semanas. El fácil acceso, un puente sobre el río Mulde, había sido destruido por los alemanes en retirada, lo que provocó su retraso.

Nuestra mayor preocupación ahora era la comida. No había clases, así que íbamos al campo a recoger espigas para llevarlas a casa y moler los granos en nuestro molinillo de café. Tuvimos suerte, ya que encontramos un campo de papas en el que la máquina se había saltado una planta.

Esas papas eran nuestras. Nuestro huerto nos ayudó, y mis tías vinieron dos veces desde Pomerania con comida.

Mi tía favorita, Kate, nos contó lo abarrotados que estaban los trenes. La gente empujaba las puertas y ventanas, y los baños estaban tan llenos que era imposible usarlos. "¿Tuviste que ir?", le preguntó mi mamá.

"Oh, sí, hice lo que hacían todas las mujeres. Les pedí a los hombres que apartaran la vista, oriné en mi zapato y se lo pasé por la ventana para que lo vaciaran. Hay que improvisar". Lo único que quería era dormir. Habló de violaciones y de no poder dormir, pero durante la mayor parte de la conversación me pidió que saliera de la habitación.

Miles de personas llegaron del este: Prusia Oriental, Prusia Occidental, Silesia y gran parte del este de Pomerania. Unos pocos afortunados tenían un carro tirado por un caballo. La mayoría caminaba con lo que había podido llevar, con los zapatos gastados, desaliñados, demacrados, llenos de piojos y apenas vivos. Habían perdido todas sus pertenencias, ya que esas tierras fueron cedidas a Polonia. Se trazó una nueva frontera que desplazó a dieciocho millones de personas.

Muchos solo pasaban de camino hacia el oeste. Otros estaban demasiado cansados. Tuvieron que ser alojados en escuelas, guarderías y otros edificios públicos, algunos en viviendas privadas.

La gente empezó a morir todos los días. Tenía que averiguar qué era la muerte. Convencí a un niño para que me acompañara al cementerio y mirara a través de la gran cerradura de una capilla el ataúd abierto.

Pensé que los rostros de los muertos revelarían algo, como suelen hacer los rostros. No, los muertos se llevaron sus secretos con ellos. Llegó una nueva orden: todos debíamos vacunarnos contra la fiebre tifoidea. Si nos negábamos a ir, no obtendríamos nuestros cupones de racionamiento. Así que fuimos a nuestra escuela, donde tres enfermeras vacunaron a los cinco mil habitantes de nuestro pueblo con tres agujas.

Les dijeron que necesitaban tres vacunas, con un mes de diferencia entre ellas. Cuando me pusieron la primera vacuna, temía la siguiente. Pero tenía que ir, y después de la segunda vacuna, me puse muy enferma. No había médicos porque la mayoría habían sido reclutados para la guerra, se habían convertido en oficiales y ahora eran prisioneros de guerra. Tuvimos la suerte de que una enfermera, una refugiada reciente, viniera a nuestra casa.

Una invitada frecuente en nuestra casa en esa época era una señora mayor. Se quejaba de que a menudo no se sentía bien y de que su esposo era poco comprensivo. En un momento sentía calor, al siguiente frío, y en general se sentía muy mal. Recordé eso mientras mi madre y la enfermera discutían cuál podría ser mi enfermedad. Sentí que tenía que aclararles las cosas y declaré: "Estoy en la menopausia". Los síntomas de la amiga mayor de mi madre coincidían con los míos: fiebre (calor) y escalofríos (frío). Era muy sencillo. Afortunadamente, me recuperé por completo. Lo bueno fue que no tuve que ir a ponerme la tercera vacuna.

Pasó el año 1945, al igual que 1946. Había empezado la escuela. No teníamos libros, ni papel, ni calefacción. La situación alimentaria había empeorado. Observaba masoquistamente a mi madre mientras rallaba papas en agua, nuestra sopa. En cuatro años, tendría mi confirmación y necesitaba tener algo que esperar con ilusión. Así que le saqué a mi madre la promesa de que haría tortitas de papa para esa ocasión, tantas como pudiera comer. Ella lo prometió. Había hecho las paces con mi madre, aunque con cierta inquietud. El amor que necesitaba me lo daba mi padre, y era incondicional.

Sabíamos que había más comida en Pomerania, donde vivían mis tías, que aquí, en la parte industrializada del centro de Alemania; la situación nunca sería buena. Así que se tomó la decisión de mudarse a Pomerania. Durante las tres semanas de vacaciones de mi padre, él y yo viajamos a la casa de mi tía y luego fuimos a ver al maestro del gremio del oficio de mi padre.

Mi padre era maestro carpintero y el maestro del gremio le encontró un lugar para establecerse: una pequeña aldea, a medio kilómetro del estrecho del Báltico. Decidimos mudarnos allí. Nos prometieron un lugar para su taller y dos habitaciones en una casa de vecindad hasta que pudiéramos construir nuestra propia casa. Me encantaba estar cerca de mis tías y primos, pero me daba miedo dejar a mi mejor amiga. Nos habíamos conocido en el jardín de infancia y nos habíamos vuelto inseparables.

Ahora teníamos doce años y habíamos compartido todas las alegrías y penas. Aprendí que la vida nunca es fácil: da y quita. La burocracia era complicada. Como nos mudábamos a otra provincia, tenía que haber un intercambio de cabezas. Así que para que los tres nos mudáramos a Pomerania, tres personas de edad similar tenían que mudarse de esa provincia a la provincia de Sajonia-Anhalt. El acuerdo tenía que venir de la gente y de las autoridades. Finalmente, se nos permitió mudarnos. El transporte de los muebles fue aún más difícil y llevó muchas semanas. Tuvimos que presionar a mucha gente y sobornar a mucha gente con comida, que proporcionaban los nuevos granjeros. Necesitaban la habilidad de mi padre. Finalmente, nos mudamos por partes, primero en un camión abierto y, meses después, en tren. ¡No pregunten cómo!

Nuestra nueva casa ocupaba dos habitaciones en una vivienda de doce habitaciones donde vivían seis familias, incluida la nuestra. Para cocinar, teníamos un enorme horno de ladrillo en una zona común que utilizaban las seis familias. Todos mostraban buena voluntad y cooperaban, así que funcionaba.

Nuestras dos habitaciones estaban llenas de ratones. Todos tenían solo habitaciones y guardaban el grano, las papas y todo lo demás debajo de las camas. Los ratones habían encontrado el paraíso. Esa primera noche, atrapamos veinticuatro ratones. Mis padres habían sido advertidos y una de las primeras cosas que desempacamos fue una trampa para ratones. No había ni un solo gato en todo el pueblo.

Nos recibieron como a la realeza: los granjeros de esa aldea habían preparado un banquete con carne, papas e incluso pastel. Podría vivir aquí, y cuando me fui años más tarde, amaba este lugar y a las personas que vivían allí con todo mi corazón y lo consideraba mi hogar. Nunca fuimos extraños, sino que nos convertimos en una gran familia que compartía el dolor y la alegría. Podíamos confiar los unos en los otros, algo muy valioso en la sociedad en la que vivíamos.

Unos meses más tarde, mis padres me contaron la historia más terrible que les había contado aquel hombre solitario y destrozado al que yo llamaba el ermitaño. Era el único habitante original del pueblo. Increíblemente, todas las personas que vivían allí anteriormente se habían marchado en 1945, ya que no estaban dispuestas a vivir en ese lugar tan triste. Llegaron nuevas personas, refugiados desplazados del este. Se les dieron pequeñas parcelas y se convirtieron en Neubauern, nuevos agricultores en un nuevo orden.

En 1945, los rusos llegaron a esta aldea y convirtieron la casa solariega en su cuartel general. Entre las personas que vivían en esta aldea había ocho mujeres, incluida una niña de doce años. Estas ocho fueron violadas en grupo por los rusos día tras día y noche tras noche durante meses.

Entonces, un día, las mujeres escaparon. Fueron al mar y, cogidas de la mano, se adentraron en el Báltico para no volver jamás. Como se trataba de un suicidio, no fueron enterradas en tierra sagrada, sino junto al mar, en una fosa común sin nombre. El ermitaño que les contó esto a mis padres era el padre y esposo de dos de las mujeres. Al enterarme, busqué la fosa sin nombre y pude distinguir un terreno elevado. Así que debía de ser ese.

A menudo llevaba flores del jardín, del prado o del campo. Nunca supe el nombre de la chica ni sé cómo era, pero parte de ella se convirtió en mí. Al fin y al cabo, yo tenía ahora doce años y eso había ocurrido solo dos años antes. Si hubiéramos vivido allí dos años antes, me estremezco solo de pensarlo. Tenía que ponerle un nombre y la llamé Undine, como la sirena mítica. Su imagen solía atormentarme, pero luego hice las paces. En los momentos de quietud, ella todavía regresa y, en cierto modo, dirigió mi vida. Pero esa historia viene después.

Para entonces, mi vida había cambiado radical y dramáticamente y había entrado en otra fase. Ya no era esa niña tranquila. Mi papel era diferente. Ahora éramos una familia. A mi padre lo llamaban maestro y era muy respetado. Fue en ese momento cuando mi padre quiso hablar conmigo. Me dijo: "Mi regalo más preciado es mi nombre, que es un nombre honorable. Me obliga a comportarme de manera que lo mantenga así. Espero que tú hagas lo mismo. Pase lo que pase en su vida, recuerda que mientras puedas mantener la cabeza alta, todo irá bien". También sabía que era la niña de los ojos de mi padre. Sentía que podía rebelarme contra mi madre, pero nunca contra mi padre.

En la nueva provincia fui a la escuela rural. Había muchos grados en una sola aula. Al principio aprendí, pero luego se repetía el mismo material una y otra vez. Supongo que tenía que ser así. Cuando hacía mal tiempo, algunos niños con zapatos en muy mal estado que vivían a seis millas de distancia no podían ir a la escuela todos los días. Yo solo tenía que caminar una milla y iba todos los días. No tardó mucho en aparecer en nuestra casa mi exasperada maestra para decirles a mis padres: "Su hija no pertenece a mi escuela. Sáquenla de aquí. Llévenla a la ciudad. Necesita retos".

Como resultado, iba en bicicleta al pueblo, a ocho millas de distancia, y luego volvía otras ocho millas, con cualquier tipo de clima, a menudo empapada por la lluvia y luchando contra el fuerte viento marino. Eso funcionó durante un tiempo, pero no pude seguir así con la llegada del invierno, así que mis padres se pusieron a buscar una familia en el pueblo que me acogiera, ofreciéndoles comida a cambio de alojamiento.

Entonces empezó a funcionar un autobús. Cuando hacía buen tiempo, iba en bicicleta, lo que me encantaba. Cuando hacía mal tiempo, tomaba el autobús. Por supuesto, había que sobornar. Pero me encantaba estar en casa, me encantaba ir en bicicleta por el mar Báltico y me encantaba formar parte de mi comunidad.

En nuestro pueblo, todos nuestros granjeros eran Neubauern, nuevos granjeros. Desplazados de sus tierras en el este (doce millones de desplazados, de los cuales tres millones se quedaron en la parte que se convirtió en Alemania Oriental), a estos granjeros se les dieron dieciocho acres de tierra para cultivar. En promedio, en aquella época, por cada cien granjas había veinticuatro caballos, cincuenta y nueve vacas, veinticuatro cerdos, ochenta y siete cabras, veinticuatro arados manuales y siete segadoras.

Esa era la estadística para todos los granjeros, antiguos y nuevos. Nuestros nuevos granjeros, por supuesto, tenían menos: no tenían caballos, muy pocas vacas y cerdos, ninguna cabra, dos arados y ninguna segadora; todo era trabajo manual. Tenían un duro sistema de cuotas. Ese sistema de cuotas fue establecido por nuestro nuevo gobierno títere controlado por los soviéticos.

Los alimentos que producían tenían que entregarse al Estado a un precio fijado por este. En teoría, no se les permitía comer ni uno solo de sus propios huevos antes de entregar al Estado todos los huevos de su cuota. Como los granjeros no cooperaban, las personas llamadas Erfasser, traducido como la muy acertada palabra "agarrador", tenían la autoridad de registrar las casas sin orden judicial y confiscar los alimentos. Ellos también tenían un sistema de cuotas. Al principio, a menudo había peleas a puñetazos, y los niños del pueblo nos alegrábamos cuando ganaba el granjero. Más tarde, se volvió demasiado peligroso oponerse. Los alimentos se escondían fuera de la casa y los animales salvajes a menudo tenían un día de fiesta.

Era el año 1950. Por fin nos habíamos mudado a nuestra nueva casa. La cosecha había terminado y se acercaba el invierno. Se respiraba el ambiente navideño y sería una Navidad maravillosa. Ese año habíamos terminado de construir nuestra casa y teníamos comida en abundancia. Teníamos ocho acres de tierra y cuatro acres de bosque, y teníamos una vaca, una cerda preñada, algunas gallinas y una oveja. También tenían una cuota y trataban de cumplirla lo antes posible. Dos semanas antes de Navidad, habían alcanzado su objetivo.

La vida no era perfecta, pero era buena. Esta Navidad sería nuestra primera gran celebración y empezamos a decorar nuestra casa. No podía dejar de cantar. En mi lista de deseos estaban las obras de Hauff, un escritor romántico del siglo XIX. Sabía que mis padres también habían guardado algunas delicias del paquete que mi tía había enviado desde Estados Unidos, probablemente incluso ropa para mí. Mi madre había horneado stollen y galletas, y yo la había ayudado. Había mucha expectación y alegría. Mi tía favorita, Kaethe, y mis primos iban a venir a pasar un día. La vida era casi perfecta, y cada vez que había una Conferencia de las Cuatro Potencias, la reunión de Estados Unidos, Inglaterra, Francia y Rusia, nuestras esperanzas se disparaban. Uno de estos días se firmaría un acuerdo de paz, los rusos se irían y podríamos reconstruir nuestras vidas.

Entonces, dos días antes de Navidad, llegó a nuestro pueblo un camión procedente de Sajonia con dos conductores. No recuerdo qué traían, pero iban a volver a Sajonia con el camión vacío y pasarían por la casa de nuestros viejos amigos y la de mi abuela.

Mi madre estaba tan emocionada por la Navidad como yo. Decidió que haría de Santa Claus y llevaría un árbol a nuestros amigos y a mi abuela, además de comida. Teníamos suficiente para compartir. Les daría un árbol de Navidad y comida a los conductores, así que nos pusimos manos a la obra para reunir y empaquetar todo: los árboles, las papas, la harina, la mantequilla, los huevos y el requesón.

Mi madre se marchó y prometió volver dos días después de Navidad. A mi madre le encantaba el papel en el que era la persona más importante. Mientras tanto, mi padre y yo celebramos con amigos, mi tía y mis primos.

Dos días después, mi madre regresó como había prometido, pero enferma, desaliñada y deprimida. Había pasado todo ese tiempo en una celda sin calefacción en Berlín, y el juez le dijo que tenía suerte de poder volver a casa tan pronto. Como era Navidad, celebró el juicio para despejar su agenda. ¿Qué había pasado?

El camión fue detenido y registrado en Berlín, por donde tenían que pasar los conductores. La comida acaparada fue confiscada y los delincuentes encarcelados.

Mi madre no pudo demostrar que habíamos cumplido con nuestra cuota. Necesitaba un certificado de la oficina del condado, que era imposible de conseguir en tan poco tiempo antes de Navidad. Entonces tuvo que recomprar sus propios sándwiches y pagó una cuantiosa multa. Retroactivamente, obtuvimos ese certificado, pero no sirvió de nada. En nuestro país, en aquella época, siempre se era culpable.

Ahora, en octavo grado, me encantaba mi maestro de alemán, pero me iba mal en ruso y en actualidad. Después de unos meses, este querido maestro quiso hablar conmigo después de clase. "Tu eres la única que podría graduarse con altos honores, pero tendrías que esforzarte mucho. Me han dicho que tu nota en ruso está entre C- y D+. Tu nota en actualidad es un poco mejor".

En casa tenía pocas tareas que hacer, así que podía estudiar mucho. Se lo prometí. Ahora había un autobús que iba a la ciudad. Había más sobornos con comida, y el conductor del autobús me llevaba cuando hacía mal tiempo y no podía ir en bicicleta.

Mientras tanto, la vida seguía. En mis clases de religión, me preparaba para mi confirmación, un hito en la sociedad alemana. Me convertiría en adulta. Ya no me llamarían por mi nombre, sino que me tratarían con el

Sie, en lugar del Du, y pasaría a ser señorita. La mayoría de mis compañeros dejarían la escuela después del octavo grado y se convertirían en aprendices y asistirían a una escuela de oficios una vez a la semana.

Yo había solicitado continuar estudiando e ir al instituto. Tenía muchas ganas de convertirme en adulta. Sonriendo, pensé que tendríamos comida aún mejor que las tortitas de papa. Habíamos guardado café enviado desde Estados Unidos y todo tipo de golosinas para celebrar.

Dos semanas antes de ese evento, mi padre enfermó, muy enfermo. Los familiares ya habían llegado de Sajonia el domingo de los exámenes religiosos abiertos, el domingo anterior a la confirmación propiamente dicha. Se suponía que un médico iba a venir a nuestra casa. Así que fui sola a la iglesia. "Iremos", prometió mi madre. En la iglesia, mientras respondía a mis preguntas cerca del altar, no dejaba de mirar hacia la puerta. No vino nadie. La misa terminó. Mientras me preguntaba por qué no había venido nadie, se detuvo una ambulancia. Mi madre salió y me dijo: "Sube. Tu padre está delirando. Vamos al hospital". A mi padre le diagnosticaron herpes zóster: eso fue durante dos días.

Luego, el diagnóstico cambió a escarlatina tóxica. Todos los que estaban en su habitación fueron puestos en cuarentena y él seguía muy, muy enfermo. Mi confirmación y las celebraciones se pospusieron indefinidamente. Mi madre fue en bicicleta al pueblo con la comida y el café que habíamos guardado. "Tiene el corazón débil, si puede conseguir café", había dicho el médico. Teníamos ese café. El médico volvió a decir: "Le permitiré ir a la cocina a preparar ese café. De lo contrario, el café desaparecerá". En bicicleta, llevó parte de la comida que habíamos guardado a los médicos y enfermeras, y mi padre recibió el mejor tratamiento, incluso penicilina, que normalmente no estaba disponible, excepto para los VIP.

Alguien le trajo una naranja a mi madre para mi padre, y ella la llevó al hospital. "Oh, eso", dijo mi padre, "ahora está en todas nuestras tiendas desde que los estadounidenses nos volvieron a ocupar. ¿Sabe? Un oficial me invitó a sentarme con él en el tanque mientras recorríamos la ciudad". Mi madre se sintió mortificada. Si la persona equivocada lo hubiera oído, todos estaríamos condenados. Por supuesto, no había venido ningún estadounidense. Todo eran fantasías muy peligrosas de mi padre, provocadas por la fiebre. Así que mi madre habló con el médico. Como mi padre era contagioso, pocas personas habían estado en su habitación; ahora, serían aún menos y serían seleccionadas.

Mi madre ahora pasaba todo el día con mi padre, así que mi deseo se había cumplido: me había convertido en una adulta que llevaba una casa, cocinaba para al menos cinco personas cada día (mi abuela, el tío de mi padre, los dos aprendices y yo) y se encargaba de que la leche saliera cada mañana a la rampa para ser entregada al Estado, de que todos los animales fueran alimentados y de que se cuidaran el jardín y los campos. La gente ayudaba; mi padre era querido. Yo solo tenía que encargarme de todo. Después de cinco semanas, mi padre se recuperó y volvió a casa. Aun así, mi confirmación se pospuso porque a mi padre le costaba mucho caminar. Le había salido una piel nueva y delicada.

Por fin llegó el día de mi confirmación. Llevaba un vestido negro de tafetán sin mangas que me había enviado mi tía desde Estados Unidos y los zapatos de tacón alto de mi madre. Como me quedaban grandes, les metimos papel de periódico en la punta. Quería caminar con dignidad, pero los zapatos no me lo permitían. Luego estuvimos en la iglesia. Estaba llena de emociones, sobre todo de agradecimiento por la recuperación de mi padre. El paseo había sido precioso. La calle que llevaba a la iglesia estaba bordeada de manzanos en plena floración. Mientras caminaba, me llovían pétalos, qué símbolo tan maravilloso y qué reconfortante era.

Ahora, en la iglesia, tenía frío. La iglesia no tenía calefacción y yo me había quitado el abrigo. Arrodillada, vestida con ese exquisito vestido y temblando, experimenté un estado mental alterado. Algunas personas lo llamarían una intensa experiencia religiosa, otras un estado alterado provocado por la privación sensorial. Recuerdo haber comenzado el Credo, pero no recuerdo haberlo terminado. Cuando finalmente regresé de dondequiera que hubiera estado, todo el mundo se comportaba con normalidad, así que debí de haber terminado el Credo. No tenía ningún recuerdo y nunca hablé de ello. Lo celebramos, creo, como nadie más. Nuestros corazones estaban llenos.

Tanta gente trajo flores que no tuvimos suficientes floreros. Me felicitaron por ser adulta y a mi padre por recuperarse. Como siempre, sintiendo la calidez y los buenos deseos de mi pueblo, sentí que el mundo estaba completo, al menos ese día.

Incluso tomamos café. Una señora de nuestro pueblo que tenía un hermano en Chicago nos regaló tres libras de café. El precio en el mercado negro era de doscientas marcos por libra. Seiscientas marcos era el salario de tres meses para alguien con un trabajo mal remunerado. No pagamos con dinero. Mi padre le construyó un carro: se lo entregó y le pagó con esas tres libras de café.

Todas A excepto una B fue el resultado de mi esfuerzo por estudiar mucho al final de ese año. ¡Lo había conseguido! Luego llegó la ceremonia de graduación. Se pidió a un estudiante destacado de cada escuela de la ciudad que subiera al escenario. Pero de mi escuela no se nombró mi nombre, ni siquiera el del segundo o tercer mejor estudiante. El nombre que se nombró fue Ingrid. Ella era solo un poco mejor que la media. Recibió libros como premio, libros comunistas. ¡Yo ni siquiera quería esos libros! Entonces, ¿por qué me dolió tanto? ¿Por qué lloraba? ¡Me sentía traicionada! Me habían pedido que estudiara mucho, había cumplido con mi parte y ahora ni siquiera me habían preparado para esto.

"¡Pregunta por qué pasó esto!", me aconsejaron mis amigos mientras intentaban consolarme.

"No, no lo haría. No podría, pero me humillaría. Lo hecho, hecho está". Y en este estado, no tenía voz. Fue una lección difícil.

Uno de mis amigos fue a preguntar y le dijeron que Ingrid, la ganadora, se había unido a los Jóvenes Pioneros, la organización comunista infantil. Había dedicado tanto esfuerzo a esa organización que, si hubiera dedicado ese tiempo a estudiar, habría sido, con diferencia, la mejor estudiante. Además, era hija de un trabajador. Yo era burguesa. Mi padre, según supe, era un "capitalista". Tenía su propia tienda y empleaba a otros carpinteros. También supe que habría contado más que la realidad, la lealtad al partido más que la capacidad. ¿Acaso oí la música del Götterdämmerung de Wagner en algún lugar? Me sonaba y me resultaba muy familiar.

Luego me fui a Berlín. Berlín ya era una ciudad dividida, aunque el muro no se construyó hasta 1961. Fue uno de los planes más descabellados de mi madre. El contrabando entre los berlineses y los granjeros del campo llevaba bastante tiempo. Los alimentos iban a Berlín y los productos que no podíamos conseguir en la zona soviética se compraban en Berlín Occidental y se llevaban a mi pueblo a cambio de esos alimentos.

Había que ir a Berlín Occidental e intercambiar marcos del Este por marcos del Oeste, una transacción ilegal. Luego se hacían las compras. Había controles en los trenes, tanto de ida como de vuelta a Berlín, y se confiscaba todo: los alimentos que iban al sur y los artículos occidentales que iban al norte. Ella y mi padre habían ido muchas veces antes, pero ahora los controles eran tan estrictos que era imposible traer nada. El loco plan de mi madre era llevarme a Berlín y hacerme ir a Berlín Occidental para hacer mis compras. Mi madre me dijo: "Necesitamos pimienta. Queremos sacrificar un cerdo este año y hacer salchichas. Queremos café de verdad. Su padre necesita limas de hierro, y aquí tiene la lista de otras cosas que necesitamos. No te registrarán". Bueno, los deseos de mi madre eran como los Diez Mandamientos de la Biblia. Había que obedecerlos.

El plan de mis padres era enviarme a un evento comunista: los Juegos Mundiales de la Juventud, ¡increíble! Hacía tiempo que había aprendido que había que hacer lo que había que hacer. Fuimos en vagones de mercancías como los que se utilizaban para enviar a los judíos a los campos de concentración y nos dirigimos a Berlín. Fue un viaje lento. Tuvimos que dejar pasar a los trenes normales y a menudo nos quedábamos parados en lo que llamábamos una vía muerta. Finalmente, llegamos. Era Semana Santa y hacía frío. A unos veinte de nosotros nos llevaron a un ático sin aislamiento con sacos de paja en el suelo. Nos dijeron que buscáramos un lugar. Hacía un frío glacial. Nos dieron una manta militar y dormimos con la ropa puesta. En otro lugar había unos lavabos sin privacidad. Solo nos lavamos la cara durante más de siete días y siete noches. Descubrimos que a los extranjeros los alojaban en escuelas, dormían en camas de verdad, tenían calefacción y oportunidades reales de asearse.

Luego fuimos a eventos. Éramos un grupo de diez con un guardián que nos contaba en cada esquina, o eso parecía. Él, a su vez, tenía que informar con otros nueve a un supervisor, quien a su vez tenía que informar con otros nueve a ese superior. Resultó que todo estaba organizado como una pirámide de diez.

Esperé una oportunidad para escapar durante el tiempo que tardé en hacer mis compras. Otra chica quería visitar la tumba de su madre. Antes habían vivido en Berlín (la parte que ahora era Berlín Occidental) y ella todavía tenía familiares que querían verla. Pidió permiso. Por supuesto, ¡se lo negaron! Así que ella y yo tramamos un plan. Otras personas de confianza sabían de nuestro plan y estaban dispuestas a cubrirnos en la medida de lo posible.

Pasaron los días sin que se presentara ninguna oportunidad. Entonces, dos días antes del último día, íbamos a asistir a un gran evento con acróbatas chinos y fuegos artificiales. Era en una plaza gigantesca. Al ir al baño público, era fácil perderse.

Era nuestra última y única oportunidad. Dejamos al grupo y acordamos encontrarnos tres horas más tarde en una esquina concreta y, juntos, intentaríamos encontrar al grupo. Si no, iríamos al edificio cuando todo hubiera terminado. Podría haber funcionado si Helga hubiera vuelto, pero sus familiares insistieron en que no debía volver sola a altas horas de la noche.

Hice mis compras y regresé apresuradamente. No encontré a Helga en la esquina acordada, ni tampoco pude encontrar a mi grupo. Así que esperé hasta que terminó el evento y la plaza quedó completamente vacía. Helga no estaba. Así que regresé, siendo la última rezagada. En el ático, busqué a tientas en la oscuridad mi saco y me fui a dormir. Todos ya estaban dormidos.

Por la mañana, me despertaron unas voces. "Gretel ha vuelto, pero Helga no". Piensa, piensa. Finge dormir y piensa. Estás en un gran aprieto.

Lo estaba. Mis amigos de confianza metieron apresuradamente mis compras en sus maletas. Sabíamos que me registrarían. Entonces, mi guía escolta me llevó a la infame sede de la Stasi.

Por suerte para mí, aún no eran tan competentes, y los interrogatorios comenzaron y continuaron durante todo el día. Me aislaron de todos, especialmente de Helga cuando regresó. No hubo desayuno, ni almuerzo, ni cena, solo preguntas y acusaciones interminables.

"Sabemos que estuviste en Occidente. Admítelo. ¿Qué hiciste allí? ¿A quién viste? ¿Dónde está tu amigo?". No dejaban de preguntarme una y otra vez.

Cuando llegó Helga, se compararon nuestras historias. Ella admitió que había estado en Occidente, pero me protegió. Finalmente, intervino mi tutor, el director de mi escuela, el mismo que había elegido a Ingrid como la mejor estudiante. ¿Se sentía culpable? ¿Quería igualar el marcador? Nunca lo sabré. Era de noche y me dejaron ir.

Al día siguiente, me prohibieron asistir a cualquier evento y me pusieron una niñera. Más tarde, regresamos a casa en los mismos vagones de carga, de la misma manera lenta. De vuelta a casa, las chicas me devolvieron todas mis compras. Había cumplido mi tarea. Mi mamá recuperó todos sus artículos, pero yo lloraba lágrimas amargas que fluían hacia ese Lago del Dolor Infinito.

No encajaba en esa sociedad. No podía soportarlo. Me vino una imagen a la mente: Nací en medio de un verano muy caluroso. La cigüeña que me llevaba se agotó por el calor y me dejó caer donde no debía. Lloré.

Luego fui al mar, un lugar de dolor, pero también de curación. Estaba a solo media milla de la casa de mis padres. Este mar había visto tanto, había sobrevivido a tanto, a esa terrible Guerra de los Treinta Años con sus inmensas crueldades. También sobreviviría a esta época y, a pesar de todo, el mar seguía cantando esa eterna canción del flujo y reflujo, promesa de eternidad, y algunos días brillaba con belleza con sus aguas azul esmeralda, luces danzantes y veleros, enmarcado por campos de lino dorado y campos de cereales con alegres flores de amapola roja y tranquilos acianos azules. Siempre volvía del mar sintiéndome mejor.

CAPÍTULO 4

Ahora estaba en la preparatoria, viviendo con una familia en la ciudad. A veces, la vida parecía normal, con los estudios y los amigos. Era una pequeña ciudad universitaria. Siempre podía encontrar conferencias a las que asistir o conciertos gratuitos, y las entradas para el teatro eran muy baratas, especialmente para los estudiantes.

Iba a todas las obras clásicas y me saltaba todas las políticas, excepto las que teníamos que ver por la escuela. Intentaba vivir en un mundo pequeño, excluyendo el exterior, pero el exterior se entrometía una y otra vez.

La comida seguía siendo escasa para la población en general. En una sociedad basada en la papa, no teníamos suficientes papas. Así que el Estado proclamó: "Los estadounidenses sobrevuelan nuestro territorio y lanzan escarabajos de la papa para sabotear nuestra cosecha". El resultado fue que nos enviaron a los campos a buscar esos escarabajos estadounidenses con ropa y zapatos inadecuados y bajo las protestas de los agricultores, que no querían que los niños pisotearan sus plantas.

Muy pronto encontré una salida. Solía tener hemorragias nasales, y todo lo que tenía que hacer era aspirar bruscamente por la nariz. "Lo siento, no puedo ir", anunciaba triunfalmente y me iba a casa. Celebraba pequeños triunfos, pero eran muy pocos. Eso duró otro año. Entonces las hemorragias nasales se volvieron peligrosas y tuve que someterme a una cauterización de la nariz.

Era la adolescente mejor vestida de la ciudad. Mi tía de Estados Unidos nos enviaba paquetes con café, latas de comida y ropa que le daban sus amigos. Enviaba un paquete al mes. La mayoría eran prendas de segunda mano muy buenas y absolutamente preciosas. Eso me valió el apodo de "princesa del dólar", lo cual no era seguro en mi entorno social.

Así que un día, me puse mi exquisito traje cuando un grupo de jóvenes soldados marinos alemanes se cruzó en mi camino. Comían salchichas con mostaza. Uno de los soldados se acercó a mí y untó deliberadamente mostaza en mi chaqueta. La arruinó. Escribí un artículo sobre ello e intenté darle un tono humorístico: "Mostaza, ¿pero para qué?". Teníamos dos pequeños periódicos en la ciudad y llevé mi artículo allí.

"No se publicará", me dijeron. El primer comentario fue: "No puedes criticar a los agentes del Estado". El segundo fue: "Rómpelo. Te meterá en problemas".

¡Ya estaba en problemas! El simple hecho de tener familiares en Occidente con los que manteníamos correspondencia nos colocaba en la lista de enemigos. De vez en cuando, nos entregaban unos papeles en los que se nos preguntaba:

"¿Tienen familiares en Occidente y mantienen correspondencia con ellos?". Teníamos que afirmar que sí, y el país era Estados Unidos. Con la guerra de Corea en curso, Estados Unidos era considerado muy malvado. A esto hay que añadir que yo estaba clasificada como hija de un "capitalista" y todas mis acciones subversivas eran diligentemente registradas. Aun así, me hubiera gustado ver ese artículo impreso.

Empecé a escribir y a enviar algunos de mis escritos a una editorial. Muy pronto recibí una respuesta: "Tienes talento, pero escribes como Theodor Storm, un escritor del siglo XIX. ¡Escribe sobre nuestra nueva sociedad, nuestros nuevos agricultores!".

Bueno, si lo hacía con sinceridad, pensé, podrían enviarme a un campo de reeducación y a los agricultores a la cárcel. Así terminó mi carrera como escritora.

Ese año, al regresar a mi pueblo, me enteré de tres tragedias. Todas las personas que producían alimentos tenían que entregar primero una cuota —bastante elevada— al Estado. Había gente encargada de hacer cumplir esa norma: la policía y unas personas llamadas Erfasser. Acudían a tu casa sin orden de registro y comprobaban si acaparabas productos. El acaparamiento era un delito económico por el que se podía ir a la cárcel.

Primera tragedia: mientras dos pescadores sacaban su red del mar a unos cinco kilómetros de donde vivíamos, la policía se encontraba allí por casualidad. Patrullaban la costa y su trabajo consistía en controlar a los pescadores y sus capturas y asegurarse de que estas fueran a parar al Estado. Cuando los dos pescadores comenzaron a sacar la red, los policías también empezaron a tirar. El joven pescador les dijo que no lo hicieran, ya que era una red vieja y al tirar podrían romperla.

En Alemania Oriental, siempre era una tragedia cuando algo se rompía, ya que no se podían conseguir los materiales para reparar lo que se había roto. Hubo un forcejeo. Sin dejarse intimidar, el policía más joven sacó su arma y disparó para matar al joven pescador, padre de tres niños pequeños. Su padre quedó devastado y fue a la comisaría. Allí quiso saber qué pasaría con ese policía. Lo amenazaron con arrestarlo, por lo que guardó silencio. Al fin y al cabo, ahora era el único sustento de esa familia.

Tragedia dos: un joven granjero arrancó de su granero un cartel propagandístico de las próximas elecciones generales. Alguien lo vio y lo denunció. La policía vino y lo llevó a la cárcel. Después de seis semanas, lo liberaron sin juicio. La pregunta para nuestro pueblo era: ¿por qué lo liberaron? ¿Había aceptado espiar e informar sobre sus compañeros granjeros?

Ese era a menudo el precio que un prisionero tenía que pagar para obtener una liberación anticipada. Finalmente, todos acordaron mantenerse alejados de él y decirles a sus hijos que no jugaran con los suyos. Inocente, culpable, inocente, culpable... el riesgo era demasiado grande. Lo rechazaron.

Tragedia tres: Teníamos un pequeño y encantador pueblo costero, a unos ocho kilómetros de donde vivíamos. Allí vivían dos hermanas mayores que alquilaban habitaciones en verano a turistas particulares. Algunos llevaban muchos años viniendo y, para ser amables, las hermanas servían peras o manzanas enlatadas de su propio jardín como regalo especial los domingos.

El Estado se acercó a las hermanas para venderles su casa. Las hermanas se negaron. Entonces vino la policía, fue al sótano y encontró todas esas frutas enlatadas. "Acumulación", proclamaron y llevaron a las hermanas a la cárcel hasta que aceptaron vender su casa.

La situación empeoró. Registraron nuestras casas y se llevaron cosas. Esto podía suceder en cualquier momento. Una vez, mis papás llegaron a casa desde la ciudad justo cuando el Erfasser cargaba uno de nuestros cerdos en un camión. Habíamos cumplido con nuestra cuota, él no tenía derecho a hacerlo, y mis papás lograron que descargaran el cerdo, pero si hubieran llegado a casa un poco más tarde, no habrían tenido ningún recurso. Estas cosas les sucedían a nuestros nuevos granjeros todo el tiempo. Uno de los Erfassers era especialmente agresivo, pero un día sucedió algo.

El héroe de este suceso fue nuestro perro Rolf. Era el perro de mi papá. Un día, mi papá había ido al bosque a seleccionar árboles que se podían talar, cuando un perro le rodeó. Mi papá pensó que el perro tenía hambre y compartió su sándwich con él. Luego, mientras volvía a casa en bicicleta, el perro le siguió. Ya teníamos un perro y no queríamos otro. Así que, mientras mi papá recorría los pueblos en bicicleta, pidió a la gente que cuidara de ese perro.

Pero el perro había decidido ser el perro de mi papá, y ganó. Mis papás publicaron un anuncio sobre el perro, pero nadie lo reclamó. Pronto nos dimos cuenta de que estaba entrenado. Atrapaba conejos y los dejaba a los pies de mi papá. Vigilaba nuestro jardín para que ningún otro animal pudiera entrar, y vigilaba nuestra casa. En realidad, cualquiera podía entrar, pero nadie podía salir. Un día, el Erfasser entró en nuestra casa y se adentró en nuestro espacio vital. Rolf lo dejó entrar, pero cuando intentó salir, Rolf le rasgó los pantalones por completo, dejando al descubierto su delicado trasero. Cuando mi madre llegó a casa, él le rogó que se los cosiera un poco para poder ir en bicicleta a casa. Eso era una ilusión por su parte. Tuvo que esperar hasta que oscureció por completo y luego pedalear ocho millas hasta su casa. Después de eso, se le veía muy raramente en nuestro pueblo. Rolf se convirtió en un héroe célebre. Alguien dibujó un retrato de Rolf y lo colocó en el tablón oficial del pueblo. En nuestra época, en nuestra sociedad, ¡qué triunfo fue!

Nuestras casas eran medidas, tal y como exigían las sociedades comunistas. A cada uno se le permitían X metros cuadrados de espacio habitable. Si tenías más, tenías que aceptar un inquilino al precio fijado por el Estado. Como ahora vivía en la ciudad, aunque a mi padre se le permitía tener una oficina, mis padres tenían demasiado espacio y tuvieron que aceptar a una pareja. Por desgracia, la pareja que acogieron era conocida por ser informantes, por lo que teníamos que tener mucho, mucho cuidado al hablar.

Tenía problemas de salud: sobre todo, un exceso de actividad de la tiroides. No había medicación, así que a mis padres les aconsejaron que me alejaran del mar y su aire cargado de yodo, y así empecé mi segundo año en un famoso internado, al sur de Berlín, a un día y medio de viaje en tren.

Mi papá me llevó allí. Entonces no lo sabía, pero lo que me esperaba era un año monumental, un año en el que mi país intentó liberarse de su yugo y un año en el que me atreví a decirle no al Estado. Ambos tuvimos que pagar un precio. Pero me estoy adelantando a mi historia. Mi papá solía trabajar en su tienda desde las seis de la mañana hasta al menos las diez de la noche y, a menudo, los domingos, ya que nuestros agricultores lo necesitaban todo, pero insistió en llevarme a la escuela, y viajamos sin prisas, parando en la ciudad donde vivía su tío, el que había venido a mi confirmación. Allí alquilamos una barca de remos y remamos en el río Saale. Ambos lo disfrutamos mucho. Sabía que le costaba mucho dejarme ir tan lejos. A continuación visitábamos a mi abuela y hacíamos todo lo que se hace en una sociedad normal, solo que éramos muy conscientes de que no era una sociedad normal. Hablábamos de cosas sin importancia, no de nuestros miedos y preocupaciones. Cada uno intentaba proteger al otro. Creo que la ansiedad de mi padre era mayor que la mía.

Luego llegamos a mi nueva escuela: en realidad, una escuela muy antigua a la que habían asistido Klopstock, Fichte, Nietzsche y muchos otros personajes famosos hace mucho tiempo. ¿Podría estar a la altura? ¿Podría hacer amigos, después de todo, si llegaba en el segundo año? Las amistades ya se habían formado. No tenía hermanos. ¿Cómo me relacionaría con los demás? ¿Cómo encajaría? No habría privacidad. Ya extrañaba el mar y mi pueblo, pero tenía metas: quería estudiar, convertirme en una profesional y valerme por mí misma. Lo necesitaba, después de todo lo que había visto.

Este ya no era el mundo en el que una chica se casaba y vivía feliz para siempre. Era un mundo duro y peligroso. Tenía que sacar lo mejor de él. Entonces mi papá se fue y me quedé sola.

Para mi sorpresa, hice amigos fácilmente y pronto tuve una mejor amiga que era mi compañera de clase y de cuarto. Debido a mi condición médica, me asignaron el cuarto más pequeño. Solo éramos cuatro estudiantes. También estaba a la altura del trabajo académico. El ruso, la actualidad y las matemáticas eran materias problemáticas para mí.

En mi primer año, durante medio año, no tuvimos profesor de matemáticas ni de alemán. Nos dijeron que se habían ido de vacaciones prolongadas. Sabíamos que habían huido a Occidente. Eso también podía pasar cuando tenías una cita médica o con el dentista y el doctor no estaba. "Se ha ido de vacaciones prolongadas", era la explicación habitual.

En nuestro pueblo, los granjeros habían empezado a marcharse. Al no haber cumplido su cuota, se les amenazaba con la cárcel. Así que se marcharon. La corriente de refugiados, a la que más tarde me uniría y que alcanzaría los tres millones de un total de dieciocho millones, había comenzado y solo podía detenerse con el infame Muro de Berlín.

Así que, sin profesor de matemáticas, las matemáticas, que antes no habían sido un problema, ahora lo eran. Afortunadamente, me emparejaron con un compañero de clase que era excelente en matemáticas y yo, a cambio, me hice responsable de un compañero que era débil en alemán. Era un sistema que funcionaba. Empecé a sentirme como en casa allí.

Una preocupación era la comida. Teníamos hambre todo el tiempo. Algunos de los estudiantes empezaron a escupir sangre y tenían miedo de ir a la enfermería. Todos sabíamos que era tuberculosis y que los enviarían a casa. Una de nuestras compañeras de cuarto empezó a traer pan después de la cena. Decía que tenía una amiga en la cocina. También tenía una amiga que se encargaba de repartir carbón. Teníamos nuestras sospechas, pero teníamos cuidado de no preguntarle por esos amigos. Para nosotras, eso significaba tener una habitación cálida en invierno y pan extra.

Mis padres enviaban mantequilla, que estaba rancia cuando llegaba, pero nos acostumbramos al sabor de la mantequilla rancia y nos parecía deliciosa. La madre de mi amiga enviaba mermelada casera. Así que las cuatro la compartíamos y teníamos raciones extra. Entonces ocurrió algo inquietante.

Los soldados rusos acuartelados cerca de allí vinieron a nuestro dormitorio e intentaron entrar. Era una puerta gruesa con enormes cerrojos reforzados con barras de madera. Aun así, estábamos aterrorizados. ¿Resistiría la puerta su brutal ataque con bayonetas? No teníamos dónde escondernos. Durante un tiempo, eso ocurrió dos veces por semana.

Nuestra escuela había sido un claustro medieval, rodeado de muros. Fuera de esos muros, oíamos que violaban a las mujeres. Una mujer que trabajaba en nuestra lavandería fue con su esposo al cine por la noche y se sentía segura porque estaba embarazada de seis meses. No estaba segura, ya que la violaron tan brutalmente que terminó en el hospital. Su esposo protestó demasiado y pasó meses en la cárcel. Nos dijeron que no saliéramos de los muros del claustro y obedecimos. Corría el rumor (y lo único que teníamos en esta sociedad eran rumores) de que nuestro director había acudido al comandante de la guarnición cercana y le había expresado su preocupación por sus alumnas, especialmente si alguna salía fuera de los muros. La respuesta que supuestamente le dieron fue: "Dile a tus alumnas que lleven tinta consigo y que la echen sobre el soldado para que podamos identificarlo. Entonces castigaremos a ese soldado". Nos enfureció que nos pusieran en una posición tan vulnerable. Políticamente, estábamos bajo los auspicios de la FDJ (Juventud Libre Alemana). Tenían un poder enorme. Tenían su propia oficina política, relaciones laborales, propaganda y agitación masiva, editorial, células de debate y escuela de liderazgo. Yo pertenecía a la FDJ, como todos los que iban al instituto. Cuando me aceptaron en el instituto, obtuve mi carné de miembro de la FDJ y no me atreví a rechazarlo. Ahora era un miembro totalmente bajo su poder. Teníamos que realizar actividades extracurriculares, y yo me había unido al coro y al grupo de danza folclórica, actividades que me gustaban.

Se acercaba la Navidad y yo estaba deseando volver a casa. Casi todos los estudiantes vivían a menos de medio día de viaje en tren. En mi caso, el viaje era mucho más largo, pero pasaba por Berlín. Desde la terminal ferroviaria del sur hasta la del norte, la conexión era el metro, que en realidad atravesaba el sector occidental.

Bajaba del metro en el sector occidental para visitar al primo de mi papá. Había tantas cosas que me ilusionaban: las luces brillantes, algunas incluso de colores, las calles concurridas llenas de coches y los escaparates con productos que nunca había visto y que no podía identificar. Era un mundo de ensueño, como de cuento de hadas. Una mirada a ese mundo me bastaba para mantenerme durante algún tiempo.

Nuestro mundo era tan sombrío, oscuro y peligroso, y allí, en el oeste, donde la gente era libre de escuchar noticias reales, no propaganda, yo podía enterarme de lo que sucedía en el resto del mundo. Nunca había tiempo suficiente para asimilarlo todo o incluso para que me respondieran a mis preguntas. Sí, me quedaba allí unas horas. El hecho de que estuviera prohibido lo hacía aún más tentador. Así que iba y sentía que había entrado en el paraíso.

Luego continué mi viaje a casa y pasé la mejor Navidad de mi vida. Teníamos comida y ropa maravillosas, entre ellas un abrigo de piel de Estados Unidos que me mantendría abrigada. No podía creer lo que veían mis ojos ni lo que saboreaban mis papilas gustativas, y lloré de alegría. La vida podía ser tan buena. Durante esas vacaciones, Lene vino a visitarme. No les he hablado de Lene.

Cuando llegué a nuestro pueblo, Lene, que era un año mayor que yo, me recogía y me acompañaba a la escuela. Cuando llegó, me llamó la atención su fealdad física: una cara huesuda y sonrosada, cabello fino de color rubio rojizo, ojos azul agua descoloridos, cejas y pestañas sin color y dientes torcidos. Cuando hablaba, escupía. Siempre me había atraído la belleza. Por eso no quería a Lene como amiga. Cuando se lo mencioné a mis papás, me regañaron severamente y me sentí profundamente avergonzada.

Para compensarla, la hice mi amiga, especialmente después de que mis papás me contaran su historia. Su familia vivía en Pomerania Oriental. Su papá había sido nazi y, cuando llegaron los rusos, lo mataron a tiros delante de los niños y se llevaron a su mamá a un campo de prisioneros. Les dijeron a los niños (ella tenía un hermano mayor) que se marcharan.

Les permitieron llevar lo que pudieran cargar. Así que esos niños de once y trece años se marcharon. En su viaje hacia el oeste, ella contrajo fiebre tifoidea y se desmayó. La gente la llevó al hospital más cercano, donde permaneció durante algún tiempo y perdió todo su cabello. Su hermano se quedó con ella, y la Cruz Roja intentó encontrar a un familiar que los acogiera. Encontraron a su tío, también refugiado, ahora nuevo granjero en nuestro pueblo, que la acogió y la hizo trabajar muy duro en su granja. La historia llegó de él a mis papás y de ahí a mí.

Lene nunca hablaba de su pasado y yo no le preguntaba. Era inteligente, muy mundana y cínica, muy diferente de mi carácter romántico, a pesar de todo lo que había pasado. La admiraba y a menudo la ayudaba con sus tareas para que tuviéramos algo de tiempo libre para hablar o ir a nadar. Más tarde, cuando traje a amigos de la ciudad y ellos tuvieron la misma reacción inicial que yo, me convertí en una amiga más firme.

Ahora, en mis fabulosas vacaciones, ella también estaba en nuestro pueblo visitando a su tío y vino a mi casa. Le conté mi visita a Berlín Occidental y lo deslumbrada que me había dejado. Sus ojos ardían de odio, su rostro se contorsionó y escupía mientras hablaba: "Eres una traidora a nuestro país. Si no fueras mi amiga, te denunciaría ahora mismo". Retrocedí como si me hubiera mordido una serpiente venenosa. Su rostro distorsionado me recordó su fealdad física, que ya no había visto, y ahora veía la fealdad de su alma. Tenía miedo, mucho miedo. Se marchó inmediatamente y yo me quedé temblando. Tenía muy buen instinto. ¿Me había advertido mi primera reacción inicial hacia ella? ¿Había sentido algo más que su falta de atractivo físico? Tenía que saberlo, tenía que saberlo para confiar y sobrevivir. Aún temblando, lloré como nunca antes, pero no se lo conté a mis padres. Me sentí traicionada de nuevo. ¿En quién podía confiar?

Mis vacaciones habían terminado y, para estar abrigada, me puse mi nuevo abrigo de piel, que me encantaba. Tenía que admirarme una y otra vez en el espejo. Parecía una princesa de cuento. Luego volví al colegio.

Al llegar a Berlín, bajando las escaleras de la estación, se me acercó un hombre vestido de civil, de la Stasi, que me ordenó que lo siguiera. Me llevó a una puerta situada en un lateral del túnel, una puerta que nunca había visto. Tuve que entrar para que me registraran y abrir mi maleta. Era absurdo. Apenas tenía dieciséis años, aparentaba catorce y tenía un carné de estudiante, ¿y aquí se sospechaba de mí como qué? ¿De espía, de contrabandista, de algún tipo de delincuente? Una vez más, tenía miedo, y tenía motivos para ello.

Berlín Occidental me había seducido tanto que decidí ir allí siempre que pudiera, sabiendo que mi única oportunidad sería al salir de la escuela y al ir a la escuela. Queriendo ser inteligente, llevaba conmigo un marco occidental para subir al autobús, ya que los bancos no siempre estaban abiertos. Ahora me daba cuenta, mientras los veía registrarme, de que si encontraban esa moneda occidental, podría desaparecer y ser arrestado sin que se lo notificaran a nadie, ni a mis padres ni a la escuela.

Afortunadamente, los que me registraron no encontraron el dinero esa vez, pero me detuvieron dos veces más y cada vez pasé por un purgatorio. Resultó que me detuvieron por mi abrigo. Destacaba entre la multitud.

¿Dónde escondí el dinero? En un estuche que contenía lápices, bolígrafos, gomas de borrar y compases. Era un estuche viejo en el que se había abierto una costura, y en esa costura abierta había metido las marcos occidentales. Pero la escena surrealista finalmente me había afectado. Llorando y temblando, fui a la sala de espera a comprar una taza de café de verdad. Así era Berlín con un Berlín Occidental abierto.

Los berlineses occidentales y los extranjeros que pasaban por el checkpoint Charlie tenían que pagar en moneda fuerte, el dinero que yo tenía prohibido tener. Intenté pedir un café, que creía necesario para calmar mis nervios, pero necesitaba mi documento de identidad. Abrí mi maleta y la poca compostura que me quedaba se esfumó. Me derrumbé por completo. Mis lágrimas formaron un velo a través del cual no podía ver nada. La gente me miraba. ¡Qué más me daba!

Los artículos de mi maleta habían sido revueltos, presentando un caos. Todo era un caos: la maleta, esta tierra y yo misma. Entonces me llegó la voz del mesero: "No te preocupes, te traeré tu café". Llegó el café y poco a poco recuperé la compostura. Me dije a mí misma que a otras personas les habían pasado cosas peores. No estaba sola. Éramos dieciocho millones viviendo en este país, una enorme prisión.

Una vez que me calmé, ordené mi maleta, encontré mi identificación, una toalla y mi estuche, y fui al baño. Allí tiré por el inodoro el marco occidental. Sabía que nunca volvería a Berlín Occidental, ni siquiera cuando viajara por allí. Cerré la única ventana al oeste, la única ventana a la libertad, la alegría, las luces y un mundo normal. No quería acabar paranoica o en una prisión de Alemania Oriental.

Siempre había afirmado que, al igual que Hansel y Gretel de la ópera de Humperdinck, yo también tenía doce ángeles de la guarda; después de todo, salvo por el asunto de Lene y los tres registros, que podrían haber salido muy mal, había tenido unas vacaciones maravillosas. Si no podía confiar en mis instintos, tenía que confiar en mis ángeles de la guarda.

Ahora tenía que esperar varias horas hasta que llegara el tren que me llevaría de vuelta al internado. Por fin me había calmado, me había lavado la cara, me había secado las lágrimas y había pedido otra taza de café. De repente, se abrieron las puertas y un enjambre de soldados marinos de Alemania Oriental entró en la sala de espera.

Uno de ellos se separó del grupo y se dirigió directamente a mi mesa. Llevaba el mismo uniforme que el que me había manchado el traje con mostaza dos años antes. Se sentó a mi mesa sin que lo invitara y le dije que no era bienvenido. Sonrió, me felicitó y quiso saber de dónde había sacado mi hermosa ropa. A esas alturas, eso se había convertido en un tema muy delicado para mí. Fui lo más desagradable que pude. No le impresionó en absoluto. Si acaso, le excitó. Muy enojada ya, tomé mi equipaje y salí de la sala de espera.

Esperando ahora en el frío andén, lo maldije por dentro y esperé y esperé. Por fin llegó el tren. Encontré un compartimento, guardé mi equipaje y me fui al pasillo, mi lugar favorito.

Normalmente estaba sola allí y podía contemplar el paisaje. Algunas personas se empujaban, tratando de encontrar su lugar, y de repente, ese mismo soldado al que no quería volver a ver estaba a mi lado, elogiando mi ropa otra vez. No podía bajarme del tren, pero tenía que deshacerme de él. ¡Piensa, Gretel, piensa! ¡Se me ocurrió algo, y tal vez funcionaría! Se me ocurrió la historia más escandalosa.

Volviéndome hacia él, ahora sonriendo, le dije: "Mi ropa es de un general ruso, ya que soy su amante. Es muy celoso y me tiene vigilada por sus hombres todo el tiempo. Si sigues rondándome, te enviará a Siberia". Funcionó. Se marchó inmediatamente y nunca volví a verlo. Cuando llegué a la escuela y les conté esta historia a mis amigos, me convertí en su heroína, y cuando estábamos estresados, me hacían volver a contar esta historia.

Había una nube sobre la tierra, una inquietud, un malestar. La situación alimentaria no había mejorado, pero la situación de las violaciones sí. Éramos unas cincuenta chicas y doscientos chicos en esa escuela. A los chicos los ponían a patrullar a las horas en que aparecían los rusos, rodeando el dormitorio de las chicas. Nunca sabríamos si eso solo ayudó o si se tomaron otras medidas.

La presión política aumentó. Ahora teníamos clases obligatorias diarias de política en el auditorio, que duraban dos horas. No podíamos llevar ningún material de estudio, nos vigilaban y nuestras calificaciones se desplomaron. No solo eso, sino que algunas tardes, sin previo aviso, llegaba un camión y nos decían que subiéramos a la parte trasera para actuar como coro o grupo de danza folclórica en alguna fábrica para endulzar su programa político. Teníamos muy poco tiempo para estudiar.

Mi mejor amiga, también llamada Ingrid, y yo a veces nos levantábamos por la noche y nos acurrucábamos en el baño para estudiar, especialmente antes de un examen. Se fundó un nuevo grupo, llamado sociedad de los mejores estudiantes. Los tres mejores estudiantes de cada clase debían formar un nuevo grupo de debate. En mi clase, yo era oficialmente la número tres, así que me admitieron.

Nos reunimos y nos pidieron que discutiéramos por qué habían bajado las calificaciones: silencio sepulcral. Esto duró y duró hasta que se convirtió en un peso insoportable. Finalmente, me ofrecí como voluntaria: "Si tuviéramos solo dos reuniones políticas en lugar de cinco, tendríamos seis horas extra para estudiar". Se suspendió la reunión y el grupo se disolvió. Este fue el primero de varios incidentes en los que llamé la atención de manera negativa.

De mis vacaciones de Navidad, me había traído un frasco pequeño de perfume estadounidense muy dulce, y lo llevé a clase. Una vez a la semana, después de las clases, teníamos nuestra reunión oficial de la FDJ. En una de esas reuniones, mi frasco pasó de mano en mano y alguien lo agarró, y se derramó un poco. La sala se llenó de la fragancia tóxica estadounidense. Un chico, leal al Estado, insistió en dar por terminada la reunión y reportar el incidente a nuestra sede.

El siguiente incidente fue más grave. Se creó otro grupo más llamado Sociedad para el Deporte y la Técnica. En esa reunión de la FDJ, trajeron un arma a nuestra clase. Nos dijeron que teníamos que luchar por nuestra patria. (¿Te suena familiar?) Los imperialistas estadounidenses nos amenazaban, por lo que teníamos que aprender a manejar armas. Me senté en la primera fila de mi clase y me entregaron su pistola, que me quemaba en la mano. Me negué a desmontarla.

Al presionarme para que explicara mi negativa, me declaré pacifista. Recordaba demasiado bien los horrores de la guerra. Al presionarme de nuevo y preguntarme si quería que me mataran, declaré que eso era mejor que matar a alguien. Después de eso, todos mis amigos se negaron y luego el resto de mis compañeros de clase. En otras clases había ido mejor, pero no tan bien como se esperaba. La sociedad se mantuvo, pero ahora era voluntaria. Desafortunadamente, mi acción fue denunciada de nuevo.

Un día, algunos compañeros de clase me preguntaron si tenía un apodo y respondí: "Sí, me llamaban la Princesa Dólar". Ocurrió en un momento de descuido y me di cuenta demasiado tarde. No había sido una decisión inteligente, porque el apodo se quedó y entonces llegó el incidente final. Hubo otra reunión política en la que se reunieron los miembros del grupo de amistad soviético-alemán. Todos los demás estudiantes se habían unido como estudiantes de primer año, pero yo, que venía de otra escuela, no lo había hecho. Estaba encantada de tener la sala para mí sola durante dos horas. Se inspeccionaron todas las salas para asegurarse de que todos los miembros asistieran. Así fue como me encontraron sola. "¿Por qué estás aquí y no asistes?". Mi respuesta fue: "Porque no pertenezco a la amistad soviético-alemana".

No me di cuenta de que eso no podía ser tolerado por la FDJ. Así que a la tarde siguiente, en lo que habrían sido mis horas de estudio, me ordenaron que fuera sola a su sede. Me pidieron que me sentara y, durante los siguientes diez o quince minutos, me dieron un discurso propagandístico alabando a la Unión Soviética. Luego me pidieron que firmara para ser miembro.

¡Cómo iba a hacerlo! ¡Cómo podían pedírmelo! Pensé: "No soy sorda, muda ni ciega" y, en mi mente, vi a ocho mujeres, incluida Undine, cogidas de la mano y entrando en el mar. Por supuesto, eso no fue lo que dije. Utilicé sus eslóganes, el lenguaje que ustedes entendían, y les dije que quería ser amiga de todas las naciones de buena voluntad y que, al no poder hacerlo, ¿por qué iba a destacar a la Unión Soviética? Los dos chicos a los que se les había encomendado la tarea de conseguir que firmara estaban desesperados, y uno de ellos fue a buscar a Siegfried, un miembro muy peligroso, que denunciaba a los estudiantes e informaba a las universidades para que no aceptaran a los estudiantes al graduarse si no eran totalmente leales al Estado.

Cuando llegó Siegfried, no pude hacerle frente. Acorralada, le conté la historia de Undine y añadí: "Y tú sabes que hasta hace poco yo también tenía miedo de ser violada cuando los soldados soviéticos intentaban entrar en nuestra casa. Así que no me pidas que firme. ¡No puedo!". Me dejó marchar.

Por supuesto, ese no fue el final de la historia, sino solo el principio. Dos días después, al salir de clase y de camino a nuestra casa, mi profesor de música me llamó. Yo lo había evitado tanto como había podido y le tenía miedo. Sabía que era miembro del Partido Comunista desde hacía mucho tiempo y que había pasado años en un campo de concentración bajo el régimen de Hitler por sus creencias. Sus palabras, que recuerdo con tanta claridad, fueron: "Tienes muy mal aspecto". Nos pidió a mí y a mi amiga Ingrid que fuéramos a su casa un poco más tarde ese mismo día. Ella se había hecho amiga suya y siempre me aseguraba que era un hombre muy decente, a pesar de su lenguaje tosco y de su pertenencia al Partido Comunista. Así que fuimos a su casa.

"Sabes, estás en problemas. Se está llevando a cabo un proceso para expulsarte y posiblemente algo peor. ¿Tienes un médico en casa en quien puedas confiar?". Eso siempre significaba confianza política. Le dije que sí. Entonces nos contó su plan, que me costaba creer. Cuando me atreví a preguntarle por qué me ayudaría, me respondió: "Porque mis ideales están siendo traicionados. No estuve en el campo de concentración por este estado". Y así se puso en marcha nuestro plan. Escribí una carta en su casa, diciendo que me sentía muy mal y que tenía que ir a casa para ver a mi médico. Dejaría esa carta debajo del mantel de nuestra habitación. Ingrid limpiaría el polvo, quitaría el mantel, encontraría la carta y la llevaría a la sede de la FDJ, por supuesto, después de que yo me hubiera ido. Empaqué muy poco y, cuando llegó nuestra conferencia de dos horas de la FDJ, corrí a la casa de mi maestro de música. Ese día, un autobús se dirigía a la estación de tren, y su esposa y yo íbamos en él. Ella se aseguró de que estuviera a salvo en el tren antes de volver a casa. Mi maestro de música me aseguró que me avisaría cuando fuera seguro para mí regresar. Seguí su plan al pie de la letra. Mi médico escribió esa carta y yo la envié inmediatamente a mi escuela. Además, estaba realmente enferma. La comida, los cuidados, el mar y estar en casa me recuperaron. Por fin estar en casa fue un gran alivio. Podía volver a respirar. Pasaron seis semanas antes de que llegara la carta de mi maestro llamándome para que volviera a la escuela.

Mientras tanto, el país estaba en ebullición. Más gente se marchaba al oeste. Apenas se oían risas o cantos y no se veían caras felices. La gente apenas hablaba entre sí. Si viajabas en tren con desconocidos, reinaba el silencio total, y si alguien empezaba a hablar, pocos respondían. Se rumoreaba que había delatores en los trenes que denunciaban a la gente, fuera cierto o no.

Pero ahora había que volver a la escuela. Había faltado seis semanas a la escuela. No había podido llevarme los libros, así que ya me había perdido mucho. Por supuesto, las clases habían continuado a diario, y yo era responsable de ellas. Todos los maestros, excepto uno, me estaban tratando con indulgencia y eran muy amables, pero en otras seis semanas tendría que hacer los exámenes finales del año y ser evaluado por mis méritos. No tendría tiempo para socializar y tendría que estudiar, estudiar y estudiar.

Y entonces llegó el 17 de junio de 1953, el poco conocido levantamiento de Alemania Oriental. En sí mismo, fue una ironía absoluta del sistema. Siempre receloso de la clase media y sus hijos, el sistema había decidido otorgar a los trabajadores y a sus hijos privilegios especiales para ganarse su lealtad.

Sin embargo, todos tenían un sistema de cuotas. Los agricultores tenían que cultivar una determinada cantidad de alimentos, los pescadores tenían que pescar una determinada cantidad de pescado, los mineros tenían que extraer una determinada cantidad de carbón al día y los albañiles tenían que colocar un determinado número de ladrillos sin remuneración adicional. Simplemente era su cuota. En el sexagésimo cumpleaños de nuestro líder, los albañiles de la Stalin Allee de Berlín leyeron en el periódico que, como regalo de cumpleaños a su líder, se habían comprometido a aumentar su cuota en un 10 %. Era una noticia totalmente nueva para ellos. Su supervisor les dijo que, si no alcanzaban la nueva cuota completa, se les deduciría el salario. Los trabajadores consideraban que ya trabajaban tan duro como podían; un 10 % más era imposible. Una pequeña delegación marchó al ministerio para hablar con el líder. Eso ocurrió el 16 de junio de 1953.

Esos líderes eran invisibles. Tras horas de espera, la noticia del descontento se extendió rápidamente. Se habló de convocar una huelga. El número de miembros de la delegación aumentó, al igual que las demandas. La demanda original de rescindir la cuota ya no era suficiente. Ese año, el Año de Karl Marx, la situación alimentaria había empeorado. A principios de abril, dos millones de personas habían perdido su cartilla de racionamiento; simplemente se las habían quitado. El líder, Ulbricht, culpó del problema al sabotaje de los agentes. Declaró la guerra a los saboteadores, parásitos y traidores. La iglesia fue declarada red de sabotaje de una agencia occidental y suprimida. Los rusos habían advertido a Ulbricht que no llevara al país al borde del abismo. Entre bastidores, trabajaron en su reemplazo, ¡pero ya era demasiado tarde!

Radio Europa Libre comenzó a transmitir las noticias. El día 17, no solo en Berlín, sino en unas quinientas ciudades y pueblos, la gente se manifestó para pedir la abolición del ejército recién creado, elecciones libres, la unificación con Alemania Occidental y la liberación de todos los presos políticos. El ejército ruso intervino, al igual que el recién creado ejército de Alemania Oriental. Comenzaron los enfrentamientos y el resultado fue previsible: 55 personas murieron, según el Este; 125, según el Oeste; 106 fueron ejecutadas, 1835 resultaron heridas y 5100 fueron detenidas; de ellas, 1200 fueron condenadas a largas penas de prisión. Diecisiete o dieciocho soviéticos también fueron ejecutados por negarse a disparar contra la multitud de manifestantes. Sin embargo, las cifras exactas no están confirmadas.

Mientras tanto, yo había vuelto a la escuela. Los tanques pasaban por nuestra calle y sabíamos que algo importante estaba sucediendo, pero no teníamos radio para escuchar lo que transmitía RIAS, y las pocas personas que había en el pueblo no confiaban lo suficiente en nosotros como para contárnoslo, ni tampoco nuestros maestros. Después de que la huelga fuera reprimida de forma sangrienta, escuchamos a nuestra línea del partido proclamar que saboteadores occidentales habían intentado sabotear y destruir nuestro estado democrático.

Estábamos preocupados por nuestros padres, familiares y amigos. No había forma de llamar ni de escribir, ya que las cartas eran censuradas, así que imaginábamos lo peor. El maestro que me había ayudado había sido despedido. Ahora, después de la revuelta, le habían concedido una pensión. Stalin murió y se celebró el juicio contra los médicos judíos que supuestamente lo habían envenenado. Nadie sabía qué pasaría después. Sentíamos, en sentido figurado, que el suelo temblaba bajo nuestros pies, mientras se producían arrestos a nuestro alrededor.

Nuestra escuela, una de las dos únicas del país, tenía una sección humanística. Allí los estudiantes aprendían cuatro años de latín y tres años de griego. Se rumoreaba que el examen final de nuestra escuela era reconocido en Alemania Occidental si uno huía. Normalmente, ese no era el caso.

De repente, todo tipo de funcionarios llegaron a nuestra escuela. Escuchamos rumores de que esta escuela sería cerrada y los estudiantes distribuidos a otras escuelas. Escuchamos y pudimos confirmar que en el periódico se decía que éramos un semillero neonazi y que se habían pintado esvásticas en las paredes de nuestro edificio. Sin embargo, no vimos ni una sola esvástica. Se prohibió a la gente entrar a nuestra escuela. Sacaron a nuestros chicos de las clases y los pusieron a vigilar las entradas de la escuela. Era difícil estudiar y tuvimos que volver a los campos de papas para buscar escarabajos americanos. Yo fui. En una ocasión, algunos de los estudiantes empezaron a tirar piedras y terrones duros. Uno me dio en el ojo y me atreví a volver a la escuela. A la mañana siguiente, tenía el ojo hinchado y morado.

Era el día en que teníamos una clase de actualidad impartida por un maestro fanático y peligroso. Entró en clase y me pidió que me levantara y empezara con algo como: "He oído que la princesa del dólar abandonó los campos que había que registrar". En realidad, muchos chicos se habían ido, pero yo no me atreví hasta que me tiraron la piedra. Quería hablar, señalé mi ojo, pero no me dejó explicarme. Me llamó parásito de un país democrático y me dijo todo tipo de palabras despectivas. Estaba decidida a no llorar, pero entonces empezó a hablar de mis papás, a quienes nunca había conocido, especialmente de mi papá capitalista y traidor, enemigo del Estado, que sin embargo había dejado que este Estado educara a su hija. Fue demasiado y rompí a llorar. Satisfecho por haberme descarrilado, me dejó salir del aula. Sabía que tenía un enemigo peligroso. ¿Cómo iba a sobrevivir? Mis lágrimas amargas fluían hacia el Mar de la Infinita Penas.

Llegó el final del curso escolar y con él los exámenes. Los temas venían de nuestro gobierno central. Nuestros maestros abrieron los sobres y escribieron los temas en la pizarra. En alemán, era "El pueblo soviético, nuestro ideal". Hubo un largo silencio en nuestra clase. Entonces, uno tras otro, los alumnos comenzaron a escribir. Mi mente se quedó en blanco. Son todos unos genios, pensé. Saben qué escribir. Finalmente, se me ocurrió: escribe los eslóganes que siempre has oído.

El año por fin había terminado. Algunos de nuestros alumnos con tuberculosis se habían puesto tan enfermos que tuvieron que marcharse, y nos dijeron que fuéramos a nuestros respectivos departamentos de salud y nos hiciéramos una radiografía de pulmones. Cuando fui, el médico me dijo: "Tienes mucha suerte. Al parecer, te contagiaste y tienes una pequeña calcificación en la entrada del pulmón izquierdo, pero estás bien". Cuando llegué a casa y se lo conté a mis padres, eso fue la gota que colmó el vaso para mi papá. "Vuelve a casa. Puedes ir a un internado cerca de nosotros". Protesté. Sentía que ahora sabía cuál era mi camino y quiénes eran mis amigos. En realidad, solo tenía un enemigo poderoso, mi profesor de actualidad. Siegfried se graduaría y dejaría la escuela cuando yo entrara en mi último año. En una nueva escuela, estaría en territorio desconocido y no tendría amigos. Sabía que mi expediente se enviaría a mi nueva escuela, por lo que allí tampoco estaría a salvo. Pero mi padre insistió.

Volver a casa eliminaba un peligro: mi tentación de ir a Berlín Occidental. En mi último viaje de regreso a casa, al pasar por la última parada antes de Berlín, hubo un incidente más. Como siempre, había un control, principalmente para evitar que la gente desertara. Dos soviéticos y dos policías de Alemania Oriental entraron en cada compartimento para revisar a cada pasajero. Estaba nerviosa y tenía que ir al baño. Estaban en el pasillo y pensé: "Pronto llegarán a nosotros". Pero tardaron más de lo esperado y, a medida que se acercaban, mis necesidades se hacían más urgentes. Así que me fui al baño. Por desgracia, tardé más de lo previsto. Cuando finalmente abrí la puerta, los soldados habían bloqueado las puertas exteriores, con las armas preparadas, y me ordenaron que volviera a mi asiento. Entonces comenzó el registro, incluido el de mi maleta. Claramente, en su mente, yo estaba ocultando algo. Mientras mis compañeros de viaje miraban fascinados sus zapatos, revisaron y sacudieron cada artículo de mi maleta: libros, brasieres y bragas. En ese momento, mi tensión se rompió. Me pareció una escena absurda y divertida, y se me ocurrió una rima:

Aleluya, aleluya, qué débiles deben ser para tener miedo de una colegiala que estaba demasiado nerviosa para orinar.

Debería haber tenido un verano agradable y tranquilo, pero estaba llena de todo tipo de presentimientos. Me matriculé en mi nueva escuela, pero era muy infeliz. Había tenido razón. Sin amigos, un nuevo profesor de actualidad e historia dejó claro que no le gustaba y, muy a menudo, se deleitaba poniéndome en evidencia. Cuando levantaba el brazo para responder a una pregunta, nunca me llamaba. Pero cuando la respuesta era difícil y muy política, sí me llamaba. Escuché que era un comunista fanático y un delator. Obediente hasta el extremo, asistía a las reuniones de la FDJ, pero no servía de nada. La escuela, que siempre me había encantado, ahora me parecía opresiva. Ni siquiera me ayudaba ir a casa los fines de semana y dar largos paseos y acudir a mi lugar de curación, el mar.

Nada tenía sentido, ni siquiera mis ganas de estudiar. De alguna manera, ese año pasó. Mi papá me miró y me dijo: "Pareces una flor que se está marchitando", y luego añadió lo que solía decir a menudo: "Si pudiera alcanzar el cielo y conseguirte las estrellas, lo haría", y yo sabía que lo haría.

Para entonces, todas las materias de la escuela se habían politizado, la interpretación de las humanidades se había sesgado de manera increíble y los problemas de matemáticas se habían revestido de política. Mi deseo de estudiar (si se le podía llamar así) era una costumbre, no una convicción. Mi existencia era sombría y sin alegría, y lloraba lágrimas amargas.

No sabía cómo iba a sobrevivir otro año más y, aunque lo hubiera hecho, con mis antecedentes sociales, ninguna universidad me habría admitido. Mi campo de estudio sería la química, la materia menos política. El alemán y la literatura, mi pasión y mi enseñanza, estaban totalmente descartados. Fueron mis papás quienes encontraron la solución. Nunca les pregunté cuáles fueron las circunstancias exactas. Así que tuve que formular una hipótesis.

Una pareja, él médico y director del departamento de salud y ella, su esposa, química analista de alimentos, vinieron a la casa de mis padres buscando comprar comida. Después de haber cumplido con nuestra cuota, mis padres podían vender comida, y así lo hicieron. Todos hablaron de mí y, milagrosamente, mis ángeles guardianes debieron haber intervenido, llegaron a un acuerdo.

La tía de la señora acababa de fallecer. Ella tendría que acoger a alguien en su casa. ¿Por qué no yo? Yo estaba a salvo. También tenía que acoger a dos aprendices en el Instituto Químico para que estudiaran química y se convirtieran en técnicos de laboratorio. Acababa de contratar a una chica que había terminado la preparatoria, pero que había sido rechazada por la universidad. Podía acogerme como su segunda aprendiz. Mis padres y ella habían llegado a un acuerdo. Estoy segura de que no fue tan sencillo como lo describo, sino más bien una danza de palabras y gestos cuidadosamente coreografiada. Sin embargo, el resultado fue ese.

Cuando mis papás me lo dijeron, no recuerdo cómo reaccioné. Quizás bailé de alegría y canté. Sin embargo, no creo que lo hiciera; me sentía demasiado aturdida. Ahora sentía que la soga que se había ido apretando cada vez más alrededor de mi cuello se había disuelto. Dejé la escuela, firmé el contrato de tres años y comencé a vivir.

Tuve el privilegio de ir a la universidad para asistir a clases de química, y tuve una profesora maravillosa que iba mucho más allá de lo que tenía que enseñarnos. Me sentía segura en mi habitación, en casa, y empecé a soñar con estudiar química algún día, después de todo. Trabajaba ocho horas con clases entremedio y, por la noche, comenzaba a estudiar de nuevo. Con el consentimiento de mis papás, tomé clases particulares de matemáticas y ruso. Las demás materias las podía estudiar por mi cuenta. Periódicamente me inscribía para tomar el examen de equivalencia de la preparatoria y, después, me inscribía en la universidad. El hecho de haber asistido a clases debería ser una ventaja, ya que, al hacerlo, me inscribiría como trabajadora calificada. Si no llamaba la atención negativamente por motivos políticos, podría funcionar. Bueno, la esperanza es lo último que se pierde. Incluso tomé clases de baile formal, conseguí un novio, empecé a escribir cuando mi corazón estaba lleno solo para mí y fui más feliz de lo que había sido en mucho, mucho tiempo. Empecé a cantar y tararear, me uní a un coro de Bach y volví a darme cuenta de la belleza natural que me rodeaba. Cuando ocurría una terrible injusticia política y me enteraba, salía a caminar, preferiblemente cuando había una tormenta afuera, una tormenta que coincidía con la tormenta y la ira de mi corazón. Cuando regresaba a casa mojada y agotada, me sentía mejor. Hice nuevos amigos, con mucho cuidado. Sin embargo, ellos vivían fuera del patio interior de mi castillo.

Por fin había regresado a mi antigua ciudad universitaria. Aquí conservaba una gran amiga. Disfrutábamos de la compañía mutua. Ella estaba en el último año de secundaria, como debería haber estado yo, una amiga que sabía que no había cambiado.

Lene, se acuerdan de Lene, que se había convertido en mi enemiga y podría haberme denunciado, también vivía aquí y, al cumplir dieciocho años, se había afiliado al Partido Comunista y, por supuesto, había sido admitida en la universidad. Cuando la veía, cruzaba la calle para no encontrarme con ella, y eso siguió así durante algún tiempo.

Entonces, un día, ella volvió a cruzar para que nos encontráramos. Su madre había regresado de Rusia, enferma de cáncer terminal. Me pidió que las visitara a ella y a su madre. Parecía que no había hecho amigos, por lo que nadie visitaba a su madre. Se lo prometí y fui.

La mujer era solo huesos cubiertos por lo que parecía papel de cera blanco y fino para mantenerlos unidos. Podía sentir que la mujer estaba hambrienta de contacto, de palabras y de miradas, y que tenía miedo de estar sola. Me hizo prometer que volvería, y lo hice, pero estaba ocupado y, dos semanas después, ella murió. No fui al funeral, pero ya no evitaba a Lene. Me sentía mejor.

Tenía otro amigo, como el hermano que nunca había tenido. Era el hijo del mejor amigo de mis papás y estudiaba medicina. Nubes que no podía adivinar comenzaron a acumularse sobre mi cabeza. En la casa en la que vivía solo había cuatro familias, yo y un estudiante de medicina. Él vivía encima de mí, en una habitación del ático, y compartíamos el baño. Nos conocimos.

Entonces, en mi maravillosa y tranquila existencia, que había durado unos siete meses, las nubes se estaban juntando. Se avecinaba una tormenta. Oficialmente, no me concernía. La universidad había decidido que todos los estudiantes de medicina varones se graduarían como médicos militares.

Las chicas tenían la opción de transferirse a otra universidad de medicina. Al cabo de poco tiempo, algunos estudiantes convocaron una huelga y, con el tiempo, la mayoría de los estudiantes la siguieron. Esto duró unas semanas. Uno de los líderes era el estudiante que vivía en el ático de arriba. Como era el que tenía más libertad, es decir, no tenía casera directa, allí era donde se celebraban las reuniones. Por la noche, cuando iba al baño, podía oír sus voces. También oía el tráfico en las escaleras y, de vez en cuando, me encontraba con él o con otro estudiante. Él no ocultaba sus reuniones, pero yo nunca formé parte de ellas.

Parecía que la huelga había tenido éxito, por lo que el rector de la universidad convocó una reunión para discutir el problema e insinuó una solución. La reunión fue por la noche en el Aula (auditorio). Casi todos los estudiantes asistieron, excepto los líderes de la huelga, que no confiaban en ella, como se demostró con razón. Después de esperar al rector durante unos veinte minutos en esa reunión, las puertas se cerraron desde fuera, encerrando a los estudiantes. Llegaron camiones rusos y de Alemania Oriental y se llevaron a todos los estudiantes a la cárcel. Algunas de las chicas fueron golpeadas, ya que no tenían motivos para ir a la huelga, y al resto se les interrogó. El hijo de un amigo de mis papás me contó al día siguiente que había guardado un pequeño cuaderno que llevaba siempre consigo. En él había fechas, citas y acciones de los delatores para el día del juicio final, como él lo llamaba. Esa noche, él y su mejor amigo arrancaron las notas y se las comieron. No podían encontrárselas y no había ningún lugar donde esconderlas. Luego me dio una nota en la que pedía el fin de esta huelga ilegal. También me pidió que fuera a ver a dos amigos y les advirtiera que se marcharan.

Como yo no estaba involucrada, prometí hacerlo. Fui a ver a un estudiante que no estaba en casa, pero su casera quería saber por qué quería verlo. No fui a la segunda dirección. Lo que no sabía era que nuestra casa estaba vigilada por un agente de la Stasi vestido de civil que estuvo paseando por la calle durante dos días y que entonces llamó la atención, pero yo no le había prestado atención el primer día.

Mis papás vinieron a la ciudad preocupados por si su hija estaba involucrada de alguna manera en este asunto. Les aseguré que no era así. Entonces, al tercer día, alrededor de las cuatro de la mañana, sonó el timbre de mi puerta y, cuando abrí, dos hombres se identificaron como miembros de la Stasi y me interrogaron durante más de una hora. Negué tener conocimiento alguno de las reuniones en nuestra casa y de lo que había ocurrido. Volvieron sobre el hecho de que yo debía de haber oído el tráfico, y también sabían que mi baño estaba arriba, junto a la habitación del líder principal. Luego se marcharon.

Lo habitual era que, después de un interrogatorio así, revisaran tus antecedentes y volvieran tres días después para arrestarte. La pregunta era: ¿qué sabían? Obviamente, sospechaban y se habían quedado demasiado tiempo. Debieron de haberme seguido hasta el estudiante al que se suponía que debía advertir o le pidieron a su casera que me describiera. Eso fue fácil: tenía el cabello castaño.

Mi casero, mi casera y yo tuvimos una reunión. Él me dijo que fuera a casa de mis padres y esperara. Tenía muchos contactos e intentaría averiguar si estaba en peligro. Sin duda, mi historial de lealtad al Estado era muy sombrío y negro. Así que acordamos que si él enviaba a su chofer a la casa de mis padres para pedirle que le vendiera huevos (algo que hacía a veces de forma legítima), yo tenía que irme. El chofer llegó a última hora de la tarde, y mis padres y yo supimos que tenía que irme, sin más.

A menudo había imaginado mi partida, pero ahora que sucedía, se sentía muy diferente. Recuerdo que fui por todas las habitaciones despidiéndome, tocando objetos que me eran queridos, tocando mi colección de libros y eligiendo uno para leer en el tren, yendo a buscar a Rolf, nuestro perro, y despidiéndome de él, y luego haciendo las maletas. Una vez más, lo habíamos ensayado muchas veces y habíamos analizado los fracasos de personas que no lo habían conseguido y por qué.

Estaba claro que solo podía vestirme con ropa de Alemania Oriental y llevarme solo ropa de Alemania Oriental. Mi historia sería ir más allá de Berlín, a casa de mi abuela. Mi coartada era una carta de ella, sin fecha, en la que decía que estaba enferma y me necesitaba. ¿Qué empacaría, yendo para un máximo de dos semanas? Entonces empacé solo eso. Mis padres me dieron todo el dinero que tenían en casa. Eso también estaba restringido por la ley de Alemania Oriental, y ahora tenía que esconderlo. Entonces llegó el momento de partir.

Mi tía favorita estaba allí y decidimos ir en bicicleta a su pueblo. Ella también me compró el boleto. Salir de mi ciudad, siendo estudiante, era peligroso si la persona que vendía los boletos era la equivocada. Sabía que ahora detenían a muchos estudiantes que no eran los principales líderes y los llevaban a otra ciudad, lo que significaba un juicio importante. Otros intentarían irse.

Así que mi boleto tenía que tener otra salida para que fuera más seguro. Me había convertido en un criminal: la Republikflucht (huida de la república) se castigaba con dos años de prisión.

Cualquiera que hubiera ayudado o supiera algo al respecto y no lo hubiera denunciado también sería condenado a prisión. Así que no hubo despedidas, e incluso mi tía tuvo que tener mucho cuidado: nada de abrazos, nada de despedidas y nada de lágrimas. Solo el miedo lo hizo posible. Para mí, fue como asistir al funeral colectivo de todos mis amigos y familiares. Nunca volvería a verlos.

Y entonces estaba en el tren, de pie en el pasillo, despidiéndome al menos del paisaje. Quedaba un gran obstáculo. En la última parada del expreso antes de llegar a Berlín, el tren se detuvo durante más de una hora. Cuatro hombres uniformados, dos policías de Alemania Oriental y dos rusos, subieron al tren. Preguntaron a todos adónde iban, exigieron ver sus boletos, pidieron ver el contenido de algunas maletas y solicitaron los pasaportes, que eran los documentos de identidad que toda persona mayor de catorce años debía tener. Luego, con el pasaporte en la mano, lo compararon con una lista de nombres. Para mí, esa fue la parte más aterradora. En esa lista, que se había comunicado por teléfono, figuraban los nombres de las personas que iban a ser detenidas. ¿Estaría mi nombre en esa lista? Mi corazón latía tan fuerte que pensé que los policías podrían oírlo. Su revisión pareció durar una eternidad, pero luego me devolvió mi pasaporte. Se llevaron a personas del tren. Eso siempre sucedía, y sentías pena por esas personas. Pero yo lo había logrado. Todo lo que tenía que hacer era salir del metro en una estación de Berlín Occidental.

CAPÍTULO 5

Fui a la casa del primo de mi papá y allí pude dejar que mis lágrimas fluyeran hacia ese mar de infinito dolor, contando la historia tan incompleta como la sabía. Mañana tendría que registrarme como refugiada. Siempre había imaginado que sería un triunfo darle la espalda a mi país. ¡Qué equivocada estaba! Perder a todos y todo lo que conocía y amaba había sido un precio muy alto que pagar. Tenía que afrontarlo: estaría sola. ¿Quién era yo? Dos cosas habían determinado mi vida: la palabra de mi padre de que tenía un buen nombre, y eso estaba claro, pero la segunda cosa no estaba tan clara: era mi relación con Undine: mi negativa a unirme a la amistad soviético-alemana con mi visión de ella entrando en el mar y mi identificación parcial con ella. Muchas veces me había preguntado si ella había ido voluntariamente a su muerte o si había sido coaccionada por el grupo de mujeres mucho mayores. Volví al día en que mi madre me había dejado fuera de casa, con frío y temblando, y había imaginado ahogarme en esa mina de carbón llena de agua y, estremecido, había apartado la mirada de esa imagen y, en su lugar, había pensado en la señora más amable y luego había caminado hasta su puerta y había tocado el timbre.

¿No podría Undine haber tomado un camino similar después de escapar? Podría haber caminado hasta otro pueblo a través de los campos de cereales altos. Alguien la habría acogido. ¡Tenía esa opción! Solo tenía doce años y toda la vida por delante. ¿No había pensado en eso o no le habían dado otra opción? Tal y como sucedieron las cosas, tuvo que vivir otro terror. ¿Cuál fue su último pensamiento, su último sentimiento?

Ahora me daba cuenta de que me encontraba en otra encrucijada. ¿Según qué normas viviría o podría vivir? ¿Qué decisiones tendría que tomar? Era un territorio totalmente desconocido. Decidí que no me dejaría coaccionar por un grupo. Tenía que ser yo misma. Tenían que ser mis principios y mis instintos y, sí, incluso mis errores.

Dormí intranquila, pero estaba lista para registrarme. Al acudir a las autoridades competentes, me dijeron que tenía que pasar por los servicios de inteligencia estadounidenses, británicos y franceses, luego por la policía de Alemania Occidental y, por último, por los servicios sociales, ya que era menor de edad.

Era el viernes antes de Pascua y dudaban de que pudiera pasar por todo eso en un solo día. Tuve que hacer fila durante horas. Había dos oficiales de inteligencia estadounidenses y, finalmente, llegó mi turno para entrar. Un hombre detrás de un enorme escritorio me invitó a sentarme y me preguntó por qué había venido, así que le conté mi historia. Quería todos los detalles. Había traído un papel en el que se pedía a los estudiantes de medicina que volvieran a sus aulas y pusieran fin a la huelga. El agente de inteligencia sabía lo de la huelga y se había reunido con los principales líderes que habían logrado llegar sanos y salvos a Berlín Occidental, pero necesitaba una prueba legal irrefutable. Aquí la tenía en mis manos: el tamaño, la redacción exacta, el papel y la tinta de Alemania Oriental; prácticamente me lo arrebató de las manos y lo guardó inmediatamente en su escritorio. Se ofreció a decir que los rusos y los alemanes orientales habían negado que hubiera habido una huelga y que, aunque algunos estudiantes habían desertado, no tenían pruebas. Mi papel era la prueba que necesitaban. De repente, me di cuenta de lo delicado y peligroso que había sido ese papel, menos mal que no lo sabía cuando estaba en el tren. Así que mi gobierno había tenido razón. Finalmente me había convertido en una enemiga de mi país y en una espía estadounidense.

Esa habría sido la acusación, si me hubieran registrado. Estuve con el agente de la CIA estadounidense durante más de una hora. Me pidieron que describiera los movimientos de las tropas del alcalde, algo de lo que no sabía nada, la personalidad de los funcionarios, la escuela y mi ciudad. Recibí comentarios y me sorprendió lo que sabía este agente, a veces más que yo, que vivía allí.

Después de eso, fui a la inteligencia británica. Al parecer, me consideraron —un joven menor de edad— insignificante, y les agradecí por ello. Pasé muy poco tiempo con ellos. La situación con los franceses fue diferente: estaban en grupo. Ya había pasado la hora del almuerzo. Tenía hambre y estaba cansado, y uno de los oficiales me preguntó si había comido. Al negarlo, me ofreció un delicioso sándwich y una taza de café y entabló una conversación informal hasta que mencioné el papel que había traído y le había dado al oficial de inteligencia estadounidense.

Eso electrificó a todo el grupo, e inmediatamente uno de ellos se fue y regresó rápidamente. Me preguntó a cuál de los dos oficiales había visto. Había ido a la puerta de la izquierda, pero ese oficial negó haber visto ningún papel mío. Ambos sabíamos entonces que había mentido y otra de mis ilusiones se desvaneció. Desde el Este, a través de Radio Europa Libre, siempre había tenido la impresión de que Occidente era una unidad que se oponía al Este. Ahora sabía que no era así.

Aún así, llegué a la policía, que aparentemente era la encargada de comprobar si tenía antecedentes penales. Para entonces, eran las cinco de la tarde. Así que nunca llegué a la autoridad juvenil. Me dijeron que ya no podía quedarme con mis familiares, me dieron una dirección y me dijeron que volviera el martes.

La dirección me llevó a un edificio llamado Fruchthof (patio de frutas) que podría haber sido un lugar para almacenar frutas y verduras. Parecía una antigua fábrica. Me recibieron de forma muy hostil y me llevaron a una habitación lúgubre con literas y me dieron una manta. El cristal de una de las ventanas estaba roto y hacía un frío glacial. Fui al baño y me quité el reloj de pulsera, y cuando me di la vuelta, había desaparecido. Solo había chicas, algunas embarazadas, peleándose, dando patadas y utilizando un lenguaje que nunca había oído antes. Más tarde me dijeron que esas chicas no tenían ningún motivo para venir al oeste. No las obligaban a regresar, les daban alojamiento y comida, nada más. El lugar estaba gestionado por la Cruz Roja. Como las chicas necesitaban dinero, el lugar se hizo conocido entre los hombres. Al salir o entrar en este lugar, me hacían proposiciones constantemente.

Para la comida principal de Pascua, nos dieron un huevo con cáscara, sucio, con algún tipo de salsa por encima y papas. No pude comerlo, pero entonces tuve el lujo de ir a casa de mis familiares, donde sabía que me ofrecerían algo de comida. Había llegado allí el jueves antes de Pascua y me condenaron a quedarme hasta que todas las oficinas abrieran el martes después de Pascua, cuando vi a las autoridades juveniles. Solo estuve allí cinco días, pero me parecieron una eternidad.

Cuando llegué ese domingo de Pascua a casa de mis familiares, mi padre estaba allí. Me dijo que había ido a ver a mi abuela, su madre, y que había visitado a todos sus amigos para que lo vieran y, de regreso, se había detenido allí para verme y despedirse como es debido.

Pasamos toda la tarde juntos y él tenía una sorpresa: me llevaría al cine en Kurfürstendamm, el lugar más de moda. Recuerdo que ponían Désirée, con Marlon Brando. Era el lugar más lujoso que había visto nunca, con alfombras gruesas y lujosas y palmeras en macetas enormes, y luego me hundí en un sillón maravillosamente tapizado y cómodo para ver la película, y lloré en silencio.

Ya no sabía quién era. Estaba muy confundida. ¿Cómo era el mundo real? Seguramente nada que ver con esto, pero esperaba que tampoco se pareciera a este Fruchthof. Sabía que nunca podría contarle a mi papá dónde vivía ahora, ¡nunca! Era un lugar sin esperanza, parte del infierno de Dante.

El martes volví a acudir a las autoridades y me dirigí a los servicios sociales, quienes se disculparon por haberme enviado al Fruchthof y prometieron enviarme al mejor campamento juvenil de Alemania Occidental después de que me trasladaran en avión a ese país. Por el momento, me dieron permiso para volver con mis familiares hasta que se resolviera mi caso. Allí encontré una carta de RIAS (Radio in the American Sector), que era nuestra emisora de Radio Europa Libre. En ella me invitaban a visitarlos, y así lo hice. Durante muchos años, fue nuestro faro de luz e información. Así que estaba emocionado por ver el edificio y a la gente, y por hablar con uno de sus reporteros o locutores. Me informaron de que los dos principales organizadores de la huelga habían llegado a Berlín y ahora se encontraban en Alemania Occidental. Me preguntaron si quería hablar en su radio, pero lo rechacé. ¿Qué podía decir que fuera significativo sin poner en peligro a las personas que quería y que me habían ayudado? El lo sabía, y creo que había sido una oferta retórica, pero me sentí bien. Estos sentimientos me recordaron al mar, a los altibajos emocionales o a las fases de la luna.

Después de solo tres días en casa de mis familiares, recibí una carta de las autoridades pidiéndome que fuera al campo de partida de Abfluglager. Me sorprendió. Normalmente tardaban mucho más, así que fui. Esta época es una nebulosa en mi mente. No recuerdo dónde comía ni dónde dormía. Lo que recuerdo me asustaba.

Me dijeron que no le dijera a nadie mi nombre ni la ciudad de donde venía, ni nada personal. Había espías de Alemania Oriental dentro de este campo. Una semana antes, uno fue reconocido y casi lo matan a golpes. Algunos espías de Alemania Oriental también se habían infiltrado con éxito en su sistema, por lo que las autoridades me procesarían lo más rápido posible. Mi nombre ya no aparecería en ninguna lista. Oficialmente, no tenía nombre, solo un número, y en el tablón de anuncios oficial tenía que buscar mi número para saber adónde tenía que ir y cuándo. Estaba devastads. Mi padre me había dicho que mi nombre tenía significado y que era yo. Mi nombre era mi identidad para mis amigos y los habitantes de mi pueblo. En mi mente, eso era yo. Ahora, eso también había desaparecido.

El funcionario me advirtió que se habían producido secuestros reales y que al gobierno de Alemania Oriental, si supiera quién era yo, le encantaría someterme a un juicio espectáculo en Berlín Oriental. Había oído hablar de los secuestros. Un coche esperaba. Otra persona se acercaba a la persona que iba a ser secuestrada con una prenda empapada en cloroformo, se la acercaba a la nariz de la víctima, la arrastraba al coche y luego se alejaba a toda velocidad hacia Berlín Oriental.

Así que el secretismo hacia los franceses estaba justificado, independientemente de los motivos que tuviera ese oficial estadounidense, entre otras cosas, para protegerme. RIAS había difundido el texto del documento para llamar a los estudiantes a que abandonaran la huelga. Los alemanes orientales sabían que algún refugiado reciente lo había traído y probablemente iniciaron una investigación. Estaba en un lío. No tenía ni idea de lo que llevaba y entregaba. Me había convertido en un peón en el juego político del ajedrez y no tenía ni idea de las reglas de ese juego. Quería salir de allí.

Si su intención era asustarme, lo lograron. Me encerré en mi patio interior. Sentía que estaba en un vacío astral, en un agujero negro. Caminar siempre había sido un gran consuelo para mí. Ahora, ni siquiera podía hacer eso. Fuera de la puerta acechaba el peligro, como antes lo había hecho fuera de la antigua escuela, Cloister. Hablar con otras personas, intentar conectar con otra alma, estaba plagado de peligros.

En muy poco tiempo, me llevaron en avión a Fráncfort en una noche muy tormentosa. Me mareé tanto que sentí que la tierra bajo mis pies se movía, incluso después de aterrizar, y juré no volver a volar nunca más. Más tarde me enteré de que mi padre había vuelto al fin de semana siguiente para verme, pero yo ya me había ido.

CAPÍTULO 6

Ahora estaba a salvo, pero muy pobre y muy sola. Siendo menor de edad, me convertí en guardiana de un sistema sobrecargado. Me encontré en un torbellino de distanciamiento y confusión por mi parte y de resentimiento e incluso odio por parte de algunos nativos. Al fin y al cabo, yo era protestante en un estado católico y alemana del este, lo que para algunos significaba comunista. Los refugiados también competíamos por la vivienda y el trabajo.

Mi fe algo tambaleante en la bondad de la humanidad se mantuvo gracias a unos cuantos ángeles con forma humana, que irradiaban preocupación, amabilidad y caridad, lo que dejó intacta mi dignidad.

La vida se me hizo más fácil después de que mis padres desertaran unos meses más tarde y también vinieran al

Oeste. Recuperé a mi padre en mi vida, es decir, durante un año. Después de eso, mis padres habían ahorrado suficiente dinero para comprar dos pasajes en un barco de vapor a Estados Unidos.

Se quedaron con 20 dólares y me enviaron por telegrama el dinero que les sobraba desde Bremerhaven. Mi padre celebró su quincuagésimo cumpleaños en ese barco, y tuvimos que tener más confianza y fe en el futuro de lo que parecía razonable, pero habíamos vivido varios milagros y teníamos que creer que seguirían ocurriendo. Mientras tanto, yo fui a una escuela técnica a estudiar química para tener una habilidad comercializable cuando los siguiera más tarde, y ahora mis sueños eran para esa tierra mágica y lejana llamada Estados Unidos. Recordé que años atrás, cuando le escribía a mi tía en Estados Unidos, envidiaba el sello que llevaba la carta, el sello que vería la Tierra Prometida.

Era 1957 y el mundo estaba inquieto. Mi corazón había seguido el levantamiento húngaro y su brutal represión un año antes. Ahora se avecinaba otra crisis: la crisis del Canal de Suez, con una posible guerra.

Recibí una carta de mi papá, muy diferente de sus cartas habituales, siempre optimistas. Era una orden para mí: "Ven a Estados Unidos, ven ahora mismo". Adjuntaba mi visa, con una vigencia muy corta. Mi mundo volvió a dar un vuelco. No terminaría mis estudios. Tendría que despedirme de mis pocos amigos y de mi casera, que se había convertido en una madre para mí, una madre muy buena.

Ahora me daba cuenta de que había echado raíces aquí, raíces cortas y tiernas que tendría que arrancar. Volví a sentir ese ovillo retorcido en el corazón y en el estómago, y supe que no podía desenredarlo, al menos no ahora. Por supuesto que quería irme, pero no ahora. Sentía incertidumbre, miedo, dudas y arrepentimiento, pero también alegría. Quería ver la tierra de mis sueños y a mi papá, pero había cosas que hacer. Tenía que informar a la escuela de que me iba, reservar un pasaje en un barco y empezar a hacer las maletas.

Me puse en marcha y, casi inmediatamente después de hacer la reserva, la agencia de viajes me informó de que mi barco había sufrido un incendio y no zarparía a tiempo. Tenía que reservar un vuelo. Había jurado no volver a volar nunca más después de mi vuelo Berlín-Fráncfort. También tenía que ir a Múnich, al consulado estadounidense. ¿Por qué? Mis padres no tuvieron que ir antes de marcharse.

Así que ahora empacaba principalmente libros que me habían regalado: viejos, nuevos, intactos y destrozados. Los libros siempre habían sido mis amigos, pero viajar en avión significaba que tendría que dejar algunos atrás.

Pasé mi examen médico y luego me preparé para ir a Múnich. Me encantaban los viajes en tren y seguiría una ruta muy bonita, pero con las ruedas girando, parecía que cantaban: "Una última vez, una última vez, una última vez".

Llegué a Múnich por la noche. No tenía dinero para una habitación. La estación de tren era lúgubre y me aconsejaron que me quedara en el restaurante de la estación, cosa que hice. Pedí knockwurst y ensalada de papa y después café. Le dije al mesero que tendría que pasar la noche allí porque tenía que ir al consulado estadounidense por la mañana y solo podría comprar más café más tarde. "¿Puedo quedarme?", pregunté.

Fue muy amable. Otros viajeros y clientes habían escuchado la conversación. ¿Quién era yo? ¿Cuál era mi historia? Para quedarse toda la noche en el restaurante esperando a que llegara la mañana, normalmente hay que consumir algo, de ahí mi explicación al mesero. Pronto se juntaron las mesas y celebramos una fiesta en la que hablamos de Estados Unidos, Alemania Occidental, Alemania Oriental, un mundo caótico y el deseo de enviar a todos los políticos al infierno.

Un hombre se ofreció a llevarme al consulado por la mañana. Intenté averiguar qué tipo de persona era. Era callado, parecía agobiado y tal vez ocultaba un oscuro secreto. Había algo extraño en él, pero mi instinto me decía que podía confiar en él.

Así que por la mañana nos dirigimos al consulado, en parte a pie y en parte en tranvía. Hablamos muy poco y nos despedimos en el consulado, pero el misterio sobre este hombre persistía.

Una vez dentro, encontré el motivo de mi viaje. Yo había pertenecido a la Juventud Libre Alemana, una organización comunista. Le dije al funcionario del consulado que me habían dado un carné de miembro sin haberlo solicitado cuando ingresé en la preparatoria. No me había atrevido a rechazarlo porque sabía que el Estado me habría negado la educación superior. El consulado lo sabía, pero quería saber si me habían obligado a hacerlo o si yo había querido unirme. Eran los años de McCarthy. Mi explicación fue suficiente, pero mi inquietud permaneció. ¿Todo el mundo tenía un expediente sobre mí para siempre? ¿Sería realmente libre alguna vez?

CAPÍTULO 7

Nueva York, Nueva York: ahí era donde me dirigía. Por supuesto, me mareé en el vuelo más tranquilo de mi vida. La azafata de Pan Am fue maravillosamente atenta y, cuando bajé del avión, le balbuceé un "gracias".

Su "de nada" simplemente me abrumó. No tenía ni idea de que esa era la respuesta a un "gracias". Había aprendido ruso y latín, no inglés. Sonaba como el alemán Willkommen. Pensé: "Claro, te han dado mi expediente. Sabías que era una refugiada e inmigrante, y me diste la bienvenida personalmente a tu país, qué amabilidad tan abrumadora". Se me llenaron los ojos de lágrimas. Detuve todo el tráfico detrás de mí, inclinándome y haciendo reverencias y repitiendo: "Gracias, gracias". La gente a mi alrededor empezó a reírse. Me sonrojé y me di cuenta de que algo iba mal. Así que seguí adelante y salí del avión. Realmente estaba en Estados Unidos, en suelo estadounidense.

Tomé un taxi, tal y como me había indicado mi padre en su última carta. Mis padres vivían en el Harlem hispano: calle 110, East Side de Manhattan. Mientras nos dirigíamos a Manhattan, vi los rascacielos. No podían ser reales; tenían que ser un espejismo. Cuando el taxi finalmente se detuvo frente a un edificio de cinco pisos con una fea y oxidada escalera de incendios en la fachada, sentí que esto era el mundo real. Subí las escaleras hasta el tercer piso y toqué el timbre. Mi padre abrió la puerta y nos abrazamos. Estaba en casa, en mi nueva y extraña casa. Mis padres me mostraron su departamento con orgullo. Tenía cocina, sala, dos recámaras, baño y, maravilla de maravillas, televisión y teléfono. La televisión, con sus anuncios repetitivos, fue mi primera maestra de inglés. Aprendí frases como "Chock full of Nuts is the heavenly coffee" (Chock full of Nuts es el café celestial) y "Winston tastes good like a cigarette should" (Winston sabe bien, como debe saber un cigarrillo), inglés realmente útil.

Comí comida exquisita, comida que nunca había comprado con mi ajustado presupuesto, y parecía que esa era la comida diaria de mis padres. Después de eso, hablamos. Tenía muchas preguntas y mis padres me respondieron. Les encantaba estar aquí. Así que me tranquilicé pensando que a mí también me encantaría.

Mi primer día llegó a su fin. Alemania se alejaba. Este era un nuevo comienzo. Lo lograría. Aún podría hacer realidad mis sueños.

EPÍLOGO

Logré cumplir mis sueños. Tres años y cuatro meses después, ingresé a la universidad, donde me animaban y recompensaban por hacer preguntas, en lugar de castigarme. Incluso fui a la escuela de posgrado y me encantó. Conocí y me casé con el amor de mi vida y conocí a personas maravillosas, que se convirtieron en amigos.

¿Fue la vida solo una fiesta feliz? Por supuesto que no. Hubo mucha felicidad, pero también algunas desilusiones. Perdí a mi padre cuando tenía sesenta y tres años en un accidente de tráfico. No pude tener hijos. Mi esposo luchó contra un cáncer muy agresivo durante cinco años y lo perdí. Mi madre vivió una larga vida. Siempre fue infeliz, poco fiable y exigente. Desgraciadamente, era su peor enemiga, incapaz de amar ni de confiar.

Fue una vida equilibrada y normal. Tuve opciones, tuve libertad y experimenté una profunda alegría. Jugué, soñé, amé y tuve una vida plena. ¿Hoy? Sé quién soy. Encontré la respuesta a esa pregunta que tanto me atormentaba al principio de mi vida.

Hoy soy la niña que nunca fui, navegando por un amplio río hacia el mar, deleitándome con las sonrisas que no provienen de la boca, sino de los ojos de amigos y desconocidos, y contemplo con los ojos y los sentidos bien abiertos la belleza trascendente de esta tierra.

¿Mis dos lagos? No son lagos privados. Quizás comenzaron siendo así, pero luego fluyeron hacia un océano mezclándose: mezclando alegría y dolor y mezclando a un individuo con todos los demás. Una vez que me di cuenta de eso, pude convertirme en ambos: no solo más empática, sino también más yo misma.

ACERCA DE LA AUTORA

Gretel Timan creció en Alemania Oriental y sufrió discriminación y restricciones porque su papá era "capitalista". Tenía contacto con su tía estadounidense y, lo que es peor, se negaba a unirse a la amistad soviético-alemana. En 1957, emigró a los Estados Unidos y su vida cambió drásticamente. En sus propias palabras, se convirtió en una "mariposa". Ahora vive en Carolina del Norte y está eternamente agradecida por poder vivir en libertad y democracia.

www.ingramcontent.com/pod-product-compliance
Lightning Source LLC
Chambersburg PA
CBHW052117030426
42335CB00025B/3030